Kleinere

Deutsche Gedichte

des XI. und XII. Jahrhunderts.

Herausgegeben

von

Albert Waag.

———————————

Halle a. S.

Max Niemeyer.

1890.

Altdeutsche textbibliothek, herausgegeben von H. P a u l.
Nr. 10.

MEINEN ELTERN

IN DANKBARKEIT UND VEREHRUNG

GEWIDMET.

Vorwort.

Nachdem die poetische Litteratur des XI. und XII. Jahrhunderts in Folge der Veröffentlichung der Vorauer und Millstädter Handschrift durch Diemer und Karajan eine starke Bereicherung erfahren hatte, kamen die 'Denkmäler deutscher Poesie und Prosa' von Müllenhoff und Scherer (1. 1864) einem vielfachen Bedürfnisse entgegen, indem dieselben unter anderm eine Sammlung der kleineren Gedichte jener Zeit darboten. Die zweite Auflage dieses Buches (1873), welche seit einigen Jahren vergriffen ist, brachte die Texte in fast unveränderter Gestalt, in den Anmerkungen jedoch mancherlei Zusätze.

Wenn ich es nun unternehme, eine Sammlung der kleineren Gedichte des XI. und XII. Jahrhunderts herauszugeben, so geschieht es in der Ansicht, welche zuerst Bartsch und Holtzmann bei der Besprechung der ersten Auflage der 'Denkmäler' (Germania IX, S. 55—75) übereinstimmend geäussert haben, dass nämlich bei der Herstellung der Texte dieses Buches, eine allzugrosse Willkür und Gewaltsamkeit thätig gewesen ist, die ihren

Grund in vorgefassten Meinungen hat. 'Der Leser hat das unangenehme Gefühl der Unsicherheit, da er, ohne die Anmerkungen nachzuschlagen, nicht weiss, ob er einen urkundlich überlieferten oder einen für die Theorie zurechtgemachten Text vor Augen hat' (Holtzmann a. a. O.). Ich habe mich deshalb möglichst an die mit so grosser Genauigkeit geschriebenen Handschriften angeschlossen und eine Aenderung derselben nur aus inhaltlichen Gründen vorgenommen; niemals bin ich dagegen aus metrischen und strophischen Gründen von der Ueberlieferung abgewichen. Die Lehre von Scherer, dass es in jener Zeit Gedichte gab von gleichen Versen, aber ungleichen, jedoch symmetrisch geordneten Strophen, und von ungleichen, aber in einzelnen Strophen symmetrisch wechselnden Versen, halte ich für verfehlt, und bezüglich der Rhythmik der damaligen Verse schliesse ich mich der Ansicht von Wilmanns (Beiträge zur Gesch. der ält. Lit. III, 144) an. Nach ihm haben wir in den Handschriften des XI. und XII. Jh.'s nicht die Verstümmelung früherer metrischer Regeln zu suchen, sondern ist die Metrik jener Zeit in einem Ringen begriffen und geht wahrscheinlich ohne Beeinflussung durch Otfrid direkt auf den allitterierenden Langvers zurück, indem in jedem Vers nur zwei Haupthebungen bestimmt und die Nebenhebungen noch ungeregelt sind. Wenn andere Systeme damals als Bedingung für ein gutes Gedicht anerkannt und vom Publikum herausgefühlt wurden, ist es in der That nicht erklärlich, warum die

Schreiber des XI. und XII. Jh.'s eine bestehende Regel-
mässigkeit gestört hätten, da sich doch im allgemeinen
in dieser Zeit eine fortschreitende Tendenz nach for-
meller Reinheit beobachten lässt.

Den schon in den 'Denkmälern' aufgenommenen
Gedichten habe ich „das himmlische Jerusalem",
„die Hochzeit", „vom Rechte", „die Wahrheit",
„die Vorauer Sündenklage", „die Upsalaer
Sündenklage" beigefügt. Ausgeschlossen habe ich
„Meregarto", und „Memento mori", weil beide Ge-
dichte in Braunes und Pipers Lesebuch in ursprüng-
licher Form zugänglich sind; dagegen schien es rätlich,
„Ezzos Gesang" in beiden Fassungen aufzunehmen.
Ferner habe ich das Gedicht „vom Himmelreich",
das sicher erst dem XIII. Jh. angehört, sowie fragmen-
tarisch überliefertes („Friedberger Christ und Anti-
christ", „Trost in Verzweiflung" = Zs. f. dt. A. XX,
346, „Millstädter Sündenklage", „Mitteldeutscher
Paulus") unberücksichtigt gelassen. „Marienlob" und
„Laudate Dominum" = Denkmäler XL und XLV sind
willkürliche Loslösungen aus den „Büchern Moses"
und „Arnolds Gedicht" (s. Beitr. XI, 101 u. 142).

Die Einleitung zu den einzelnen Gedichten giebt
Auskunft über die litteraturgeschichtliche Stellung, Ueber-
lieferung, bisherige Behandlung derselben und über das
kritische Verfahren. Die Anmerkungen, welche Quellen-
nachweise und Erklärungen zweifelhafter Stellen ent-
halten, fassen meist nur das bisher geleistete zusammen;

von seltenen Wörtern sind darin nur solche aufgenommen worden, welche sich in Lexers Taschenwörterbuch nicht befinden.

Schliesslich sage ich Herrn Professor Dr. Paul für fördernde Teilnahme an meinen Bemühungen, sowie Herrn Universitätsbibliothekar Dr. Pfaff in Freiburg für mannigfachen Beistand meinen aufrichtigen Dank.

Waldkirch i. B., August 1889.

Albert Waag.

Inhalt.

Abkürzungen.

Beitr. = Beiträge zur Geschichte der deutschen Sprache und Literatur von Paul und Braune.

Di. = Diemer, Deutsche Geschichte des XI. und XII. Jahrhunderts. 1849.

K. = Karajan, Deutsche Sprachdenkmale des XII. Jh.'s. 1846.

MSD = Müllenhoff und Scherer, Denkmäler deutscher Poesie u. Prosa aus dem VIII.—XII. Jahrhundert. 2. 1873.

Q. u. F. = Quellen und Forschungen zur Sprach- und Kulturgeschichte.

Zs. f. dt. A. = Zeitschrift für deutsches Altertum.

Zs. f. dt. Ph. = Zeitschrift für deutsche Philologie.

Einleitung.

I. Ezzos Gesang,

welcher auch unter der Ueberschrift „die vier Evangelien", „von dem Anegenge", „von den Wundern Christi" bekannt, am passendsten als „Lied von der Erlösung" bezeichnet worden ist, stellt das wichtigste Erzeugnis der geistlichen Poesie aus der zweiten Hälfte des XI. Jahrhunderts dar. Mit kühnem Schwung, der sich bisweilen zum Pathos erhebt, wenn auch oft in etwas ungelenken Worten, ist hier die christliche Heilslehre zusammengefasst: Schöpfung und Sündenfall, die Zeit der Finsternis, Christi Geburt, Lehre, Wunder, Tod, Höllenfahrt, Auferstehung, die Erfüllung der Prophezeiungen des alten Testaments, die Bedeutung des Kreuzes und Preis der Trinität. Die theologischen Anschauungen lassen sich vielfach auf das *Speculum ecclesiae* des Honorius von Autun zurückführen; Wilmanns (s. u.) hat ausführlich gezeigt, dass die Disposition des Liedes in dem kirchlichen Gottesdienst von Weihnachten bis Ostern, in der Anordnung der Perikopen dieser Festtage ihr Vorbild hat.

Das Gedicht hat bald nach der Veröffentlichung durch Diemer (nach der Vorauer Hs.) eine Reihe von Fragen über Autorschaft, Veranlassung und Form wach gerufen. Simrock konstuierte im 'Altdeutschen Lesebuch' (1851) zwölfzeilige, Schade (1854) in seinen 'Geistlichen Gedichten' 68 sechszeilige, derselbe im 'Altdeutschen Lesebuch' (1862) 23 zwölfzeilige Strophen.

In den 'Denkmälern' (1864) legte sodann Müllenhoff ein künstliches System von 28 Strophen nieder (1., 13., 15. und 28 Strophe mit 14, die mittlere Strophe 14 mit 16, die anderen Strophen mit 12 Zeilen). Der erste Herausgeber Diemer gab 1866 in den 'Wiener Sitzungsberichten' eine Bearbeitung in 33 zwölfzeiligen Strophen, wobei er jedoch durch Auslassungen und Zusätze über alle Grenzen des philologisch erlaubten hinausging. Konrad Hofmann (s. u.) konstuierte 30 zwölfzeilige Strophen.

Eine ganz neue Wendung trat sodann in der Ezzofrage durch die Entdeckung eines älteren Fragmentes ein: das Gedicht wurde jetzt auch methodisch äusserst interessant, indem sich herausstellte, dass die meisten Constructionen das ursprüngliche nicht gefunden hatten, wodurch das allzugrosse Selbstvertrauen der Conjecturalkritik blossgelegt wurde. Barack entdeckte nämlich im November 1878 in einer Strassb. Hs. die 7 ersten Strophen des Gedichts, die beiden ersten von 8 Zeilen, die andern von 12 Zeilen. Alle Bearbeiter mit Ausnahme von Konrad Hofmann hatten sich in der Herstellung jener 7 Strophen geirrt; Müllenhoff hatte sogar die erste und dritte Strophe unter das inbegriffen, was er „rohe Interpolationen" und „elende Stücke" nannte. Das Strophensystem dieses Gelehrten erwies sich auch als unhaltbar, indem zunächst das Gedicht statt 28 nunmehr 30 Strophen umfasst und Str. 14 (nach *MSD* = 233 ff.) nicht die Mitte bildet; ausserdem ist nach dem Sinn hier kein Abschnitt, im Gegenteil fährt Str. 15 (= 249 ff) direct fort in Christi Opfertod; ferner zieht Müllenhoff ohne inhaltlichen Grund V. 167 f. zu Str. 8, V. 179 f. zu Str. 9 und erklärt V. 205 f. in Str. 11 ohne genügenden Grund für unecht (s. Wilmanns, S. 18). — Das Gedicht ist in der jüngeren Vorauer Bearbeitung jedenfalls nicht sangbar gewesen; in der älteren Strassburger Form mag das möglich sein.

Wie steht es nun mit dem Verfasser? In der Vorauer Hs. meldet die erste Strophe, dass auf Veranlassung von Bischof Gunther von Bamberg († 1065) der Geistliche Ezzo ein Gedicht verfasste, wozu Wille die Melodie erfand; darauf folgt: *duo ilten si sich alle munechen.* Die einleitende Zusatzstrophe fasste man zunächt nur als Anspielung auf Ezzo, dann aber als direkten Hinweis auf das folgende Gedicht.*) Niemand kann jedoch beweisen, dass der spätere Zusatz geschicht- lichen Glauben verdient. Auch die eben angeführte Zeile ist verschieden gedeutet worden; meist legt man aus, das Gedicht habe vielfachen Uebertritt zum Mönch- stand bewirkt, richtiger scheint mir jedoch Wilmanns nach Diemers Vorgang *si alle* nur auf die vorher ge- nannten Geistlichen *(phaphen)* zu beziehen, die sich damals zum gemeinsamen kanonischen Leben entschlossen: „Das Lied veranlasst nicht die Reform des geistlichen Lebens, sondern umgekehrt die Reform das Lied; es war eine Festkantate, die vorgetragen wurde, als die Geist- lichen die gemeinsame Wohnung bezogen."

Die Annahme einer grossen öffentlichen Wirkung des Gedichtes war unterstützt worden durch eine Stelle der Vita Altmanni, Cap. 3 in Monum. German. Script. XII, 230, welche schon Diemer damit in Verbindung brachte; danach habe sich auf der Pilgerfahrt des Bischofs Gunther von Bamberg nach Jerusalem in dessen Be- gleitung auch der *canonicus* und *scholasticus* Ezzo be- funden, *'vir omni sapientia et eloquentia praeditus, qui in eodem 'itinere cantilenam de miraculis Christi patria lingua nobiliter composuit'.* Die Angaben der Vorsatz- strophe und dieser Stelle widersprechen sich nicht, unter- stützen sich aber auch ebensowenig, wie Konrad Hof- mann dargelegt hat: „Beide Stellen stimmen nur in einer einzigen Thatsache überein, nämlich darin, dass Ezzo ein Gedicht gemacht hat. Die *Vita* weiss ferner, wann und worüber er das Gedicht gemacht hat, auf der Kreuzfahrt und *de miraculis Christi.* Davon weiss die deutsche Strophe nichts, sie weiss dagegen, auf wessen

---

*) Nach der Auffassung von Paul setzt jedoch der Vorauer Bearbeiter in V. 13—15 *(von dem minem sinne)* und 21 f. sein Gedicht in Gegensatz zu Ezzos Gesang, so dass dann allerdings unsere Verse einen unbekannten Verfasser hätten

Auftrag, mit wessen Hülfe und mit welchem Erfolge
Ezzo sein Gedicht gemacht hat." Der Name Ezzo
kommt in Bamberger Urkunden häufig vor, und im übrigen
konnte ein so begabter Geistlicher ja zwei verschiedene
Gedichte verfasst haben. Eine Vermittlung in dem Sinne,
dass das in der Strassb. und Vor. Hs. überlieferte Ge-
dicht jene *cantilena* Ezzos sei, ist nur möglich unter
der Annahme, dass die *Vita* ungenaue Angaben macht,
indem das Gedicht einen etwas anderen Inhalt als die
„Wunder Christi" hat und nicht auf einer Kreuzfahrt
entstanden ist; eine solche Annahme macht Müllenhoff
wahrscheinlich: „Altmanns Biograph schrieb im Kloster
Göttweich, das Altmann als Bischof von Passau gegründet
hatte, im Auftrage des Abtes Chadalhoh (1125—1141)
nach mündlichen Berichten solcher, die den im Jahre
1091 verstorbenen Bischof noch persönlich gekannt
hatten, aber mindestens 60 Jahre nach der Pilgerfahrt
und dem Tode Günthers (1065)." Wilmanns fügt bei:
„Der Gesang mag auch auf der Wallfahrt oft genug an-
gestimmt sein, und es ist sehr begreiflich, wenn jüngere
Generationen das berühmte Gedicht und den berühmten
Pilgerzug in Verbindung brachten."

Es kann demnach unser Gedicht die *cantilena* des
scholasticus Ezzo sein, ein zwingender Beweis ist jedoch
nicht beizubringen. Der Componist Wille wird allgemein
mit Diemer für den siebenten Abt von Michelsberg ge-
halten, der 1082 erwählt wurde und 1085 starb.

Das Gedicht war sehr bekannt, indem nach Müllen-
hoffs Wahrnehmung im Leben Jesu der Frau Ava,
in der Vorauer Genesis und in der Wahrheit Verse
daraus benutzt sind. Auch war dasselbe wohl Vorbild
für die Summa theologiae.

Wie schon vorweg genommen werden musste, ist
das Gedicht überliefert in der Vorauer Hs. (Steiermark)
XI = Diemer, dt. Ged., S. 319—330 mit Uebersetzung,
S. LVII—LXII, und in einer Strassburger Hs. des 11.
Jahrhunderts = Barack, Althochdeutsche Funde, Zs. f.
d. A. XXIII, S. 209—212 = Ezzos Gesang und
Memento mori mit phototyp. Facsimile, 1879. Die

Mundart ist alemannisch. Ausgaben: Simrock, Altdeutsches Lesebuch; Schade, Geistliche Gedichte; ders. Monumentorum Theotiscorum decas; ders. Altdeutsches Lesebuch; MSD XXXI; Diemer, Wiener Sitzungsber. phil. hist. Klasse 52, S. 193—202.

Darüber gehandelt haben ausserdem: Diemer, Wiener Sitzungsber. phil. hist. Klasse 55, 271—328; Konrad Hofmann, Münchner Sitzungsber. phil. hist. Klasse 1871, S. 293—318; Scherer, Q. u. F. XII, 29 f. und Zs. f. östr. Gymnas. 1868, 735—743; Giske Germania 28, S. 89—98*); Wilmanns, Bonner Festschrift 1887; über die Vor. hs. vgl. Beitr. XI, 139 ff.

Bei der Textherstellung hahe ich die beiden Hs. gemeinschaftlichen Strophen jeweils auf einander folgen lassen, zuerst nach der Strassb. Hs. cursiv, dann nach der Vorauer, sodass leicht verglichen werden kann. In der Vorauer Ueberlieferung ist der Wechsel von *ht* und *th*, *ch* und *hc*, *z* und *c* beseitigt, sowie stets *uo* statt der mannigfaltigen Bezeichnung dieses Lautes und *nu* für die sparende Schreibung *w* gesetzt.

Anmerkungen. I, 7—19 bis jetzt unverstanden; vielleicht ist damit allgemein das alte Testament gemeint, aus welchem ja nicht nur die Schöpfung und der Sündenfall, sondern auch Prophezeiungen *(wîstuom)* und Parallelen beigezogen sind. 23—26 = II, 5—9 in der Vor. Hs. verstellt. Stellen über Verehrung des Sonntags in 31—36 s. *MSD* zu 1, 11. Zu 37—54 vgl. Summa theol., andere ähnliche Stellen *MSD* zu 1, 15. III, 6 f. = 60 f. Die Vierteilung in Erde, Himmel, Wasser, Luft entspricht der Darstellung der Schöpfungsgeschichte in der Genesis. 79—96 Zusatz der Vorauer Bearbeitung, wie Müllenhoff und Konrad Hofmann herausgefühlt hatten. 91—94 vgl. Bücher Moses, Diemer, S. 6, 8. VII und 121—156 vgl. nach Diemer Honorius spec. eccl. p. 1081 (s. *MSD* zu 4, 5). VII, 12 Ende der Strassb. Hs. 166 Eva. 170 *MSD* weist hin auf die 'Wahrheit', V. 28 f.

---

*) Derselbe nimmt an, die Hs. des Originals sei zertrennt worden. Der Schreiber der Strassb. Hs. habe den ersten Teil, Str. 1—7, vor sich gehabt und wiedergegen, was er besessen; dies wird dadurch wahrscheinlich, weil die Strassb. Hs. mitten auf der Seite aufhört. Der Vorauer Bearbeiter habe nur den zweiten Teil von V. 133 ab vor sich gehabt und den ersten aus dem Kopf ergänzt, woraus sich die Interpolationen erklären sollen.

193 *Antiquus dierum* nach Diemer aus Daniel 7, 9; 13, 22.
219 sw. v. *setten.* **219—232** nach Honorius spec. eccl. p.
931. **258** *gote lop!* Seit wann kommt diese Interjection vor?
vgl. 406. **299—310** in *MSD* vor 275 gestellt. **288** und **291**
nach Jesaias 63, 1. **299** Apocal. 5, 5: *ecce vicit leo de tribu
Juda.* Wilmanns vermutet: *der lewe von Juda slahte.* **309**
nach Marcus 3, 27: *Nemo potest vasa fortis ingressus in domum
diripere, nisi prius fortem alliget.* **311—322** nach Honorius
spec. eccl. p. 910 f.; 922. **317** vgl. 4. Moses 21, 8. **345** f.
nach Honorius spec. eccl. p. 921: *mare rubrum est baptismus
sanguine Christi rubicundus, in quo hostes, scilicet peccata,
submerguntur.* **355** f. vgl. Ev. Joh. 6, 31—59. **361** ff. vgl.
Honorius spec. eccl. p. 930. **371** ff *MSD* weisen auf Venan-
tius Fortun. carm. 2, 1 p. 87 Migne hin. Wilmanns hebt den
Gebrauch dieses Hymnus im Gottesdienst hervor. **374** vgl.
Honorius spec. eccl. p. 944. **386** ff. nach Ev. Joh. 12, 32 f.
395 ff. Ueber den alten Vergleich des Erdenlebens mit einem
Meere s. *MSD* zu 27, 4 und Wilmanns S. 28. **407** ff. Dies
Glaubensbekenntnis weist nach *MSD* auf die seit dem 11.
Jahrhundert verbreiteten freieren Glaubensformeln hin.

II. Summa theologiae,

von Diemer früher „Schöpfung" genannt, ist eines der
anziehendsten Gedichte der vorklassischen mhd. Litteratur
aus dem Ende des 11. Jh.'s, welches in einer oft nur
andeutenden Weise die christliche Heilslehre zusammen-
zufassen versucht. „Gott und Mensch, Schöpfung und
Fall der Engel, Welt- und Menschenschöpfung, Christi
Menschwerdung, Marter und Tod, eine Tugendlehre, die
Sacramente, die letzten Dinge — kurz, er liefert ein
Compendium der mittelalterlichen Theologie, das viel-
leicht auf einer lateinischen zusammenfassenden Dar-
stellung beruht; aber die Masse des enggedrängten
Stoffes kann unmöglich klar werden, die tieferen Ge-
danken, die dem Dichter vorschweben, sind oft nur zu
erraten, oder kaum zu erraten, obgleich alle populären
von der Predigt ausgeprägten Symbole, Allegorien, Pa-
rallelen sich einfinden und eine Reihe auch poetisch
wirksamer Vorstellungen ergeben." (Scherer.)

Ezzos Gesang kann Vorbild gewesen sein. Das
ganze mutet fast an wie eine Art von Theodicee,

indem der Dichter V. 22, 208 und 324, im Eingang,
im Innern und am Ende sagt, dass Gott durch die
Schöpfung sein Lob bewirken will, dass alle Dinge,
wie sie uns auch verschieden dünken, Gottes Lob ver-
künden, dass ihn alles loben soll, was im Himmel und
auf Erden ist. Scherer hat gezeigt, dass das Gedicht
aufs engste mit der Mystik der damaligen Zeit verbunden
ist; er hat nahe Verwandtschaft mit den Werken des
Honorius Augustodunensis und den Meditationen des
Anselm von Canterbury nachgewiesen. Konrad Hof-
mann weist auf Rhabanus Maurus „de fide catholica
rhythmo carmen compositum" hin. (Migne, Patrologia
112, Sp. 1609-1620, in etwa 100 sechszeiligen Strophen.)
    Das Gedicht besteht aus 32 Strophen und zwar aus
25 von 10, 4 von 12, 3 von 8 Versen. Scherer hat
ein künstliches System von Strophen und Tönen auf-
gestellt von *abb. cdc. efggef. hii. k. lmebl* n_1 n_2 o_1 o_1
o_2. *lepbl,* wobei je ein Buchstabe einen neuen 'Ton' be-
zeichnet. Ist solch ein System überhaupt denkbar?
Wenn die Melodie das prius war, welche Riesenarbeit
hatte dann der Dichter, der so schon bei seinen Ge-
danken mit den Worten ringt! Oder war der Text das
prius und kam dann ein Componist und zählte die
Hebungen, um danach eine Composition zu machen?
Wie mühsam auch dieses! Oder entstand Melodie und
Text zugleich? Ein solches System kann aber niemand
im Kopfe behalten. Ueberhaupt sollte man derartiges
nicht aufstellen bei der mangelhaften Kenntnis mittel-
alterlicher Musik. Dazu muss Scherer, um zu diesem
System zu kommen, mancherlei Umwandlungen mit dem
Text vornehmen, die in dem Inhalt meist nicht be-
gründet sind: so wird 127—134 = Str. 12b für unecht
erklärt als unleidliche Wiederholung; in Str. 11 wird
nach 114 eine Lücke von zwei Versen angenommen;
in Str. 9, Vers 91 f. für unecht erklärt; in Str. 4 in V.
37—39 die Wortstellung geändert. Ferner ist, um die
gewünschte Zahl der Hebungen (4, 5, 6 oder 7) für
jeden Vers zu erhalten, an etwa 30 Stellen von der
handschriftlichen Ueberlieferung abgegangen, sodass von

den 32 Strophen nur 11 völlig unverändert bleiben. So hat das System keine Beweiskraft.

Das Gedicht ist überliefert in der Vorauer Hs. XI = Diemer, dt. Ged. S. 93—103; daselbst befindet sich auch eine Uebersetzung S. LII ff. und eine Facsimile der Hs. bl. 97a. Vgl. auch Wiener Sitzungsber. 1867, S. 287 ff., wo Diemer die Ansicht aufstellte, das Gedicht sei von Ezzo. Ausgabe in *MSD* Nr. XXXIV, S. 86—95 mit reichhaltigen Anmerkungen S. 400—419. Eine Strophe, V. 275—284, ist auch in der Hs. 1966 des germ. Museums in Nürnberg erhalten (= Germania, Neues Jahrb. d. berl. Ges. 10, 185 und Anzeiger f. Kunde d. dt. Vorzeit, neue Folge II, 80), deren Lesarten mit *B* bezeichnet sind. Konrad Hofmann hat in den Münchener Sitzungsberichten 1870, II, S. 185—196 gewaltsam lauter 10 zeilige Strophen von Versen mit 4 Hebungen konstruiert, indem Randerklärungen erst später hineingearbeitet sein sollen; eine nähere Begründung hat er in den Münchener Sitzungsber. phil. hist. Kl. 1871, S. 318—328 versucht. Die Mundart ist mitteldeutsch, wahrscheinlich rheinfränkisch. Darüber gehandelt hat ferner Scherer, Q. u. F. VII, 54 f. und XII, 33 f. Ueber die Hs. vgl. Beiträge XI, 109 ff.

Ueber die Herstellung des Textes vgl. unter Lob Salomons.

Anmerkungen. **25** *kunic keysir* von Hofmann mit Unrecht beanstandet: vgl. Vorauer Sündenklage, V. 727. **45** *insigeli* Siegelbild, Isid. sentent. 1, 10, 6: *„archangelus . . . signaculum dei similitudinis“.* **71** *ienir* = Lucifer. **78** *ebintiure* gleicher Wert, um etwas gleichwertiges zu haben. **80** *herzindūm* = *arzentuom* Heilmittel. **96** *mala respuit et eligit bona* Gotfrid von Viterbo, s. Diemer, Anm. S. 35. **100** f. *e superiori aere habet auditum, ex inferiori habet olefactum* a. a. O. **120** *zwischilis dôdis* des Leibes und der Seele, vgl. Honor. eluc. 3, 11 p. 481 b C. **121** *giwegidi* Hilfe, Erhebung. **128** Gottes Zorn, vgl. 215 f. **133** *ani imo zi vil biginit er* er gähnte ihn (den Menschen) zu sehr an; oft vom Teufel gebraucht s. Mhd. Wb. unter *gine.* **143** *vir* Umlautsbezeichnung? **145** f. Honor. elucid. 1, 21 p. 464 b B: *cur (voluit mori) in cruce? ut quadrifidum mundum salvaret.* **155—158** Augustinus contra Faustum Manichäum 12, 8: *fit viro dormienti*

*coniunx de latere: fit Christo morienti ecclesia de sacramento
sanguinis qui de latere mortui profluxit.* **159** „Eine Seiten-
öffnung war auch das Mittel, durch welches das Menschen-
geschlecht gerettet wurde." *MSD* Anm. zu 15, 5. **165—174**
Honor. spec. eccl. p. 946 Migne: *in crucis forma continetur
totius christianae religionis forma. nam per tria cornua
superiora trinitas patris et filii et spiritus sancti denotatur,
per quartum quo tria sustentantur veneratio unitatis demon-
stratur* etc. **174** *enthaben* aufrecht erhalten. **209—214** „Wie
zweier Leben Vermittlung (in Christo) einerseits (für die Mensch-
heit) Gnade, andrerseits (für die Gottheit) Zwang ist, so droht
die (unbelebte) Schöpfung uns teils mit der Hölle, teils be-
stärkt sie unsere Hoffnung auf den Himmel." *MSD* Anm. zu
Str. 20. Die Stelle ist unklar. **216** vgl. 128. **221** f. „nur
unsere eigene irdische Schwachheit unterstützt er, wenn er
Gottes Gnade verzögert." *MSD* Anm. zu Str. 21. **237** Die
sicher anzunehmende Lücke ist kaum auszufüllen; *MSD*
schlägt vor *sinis einin dôdis dag dô ubirvacht | unsiris zwichilin
dôdis nacht.* **246** *undirscheid* Verständnis. **293** *durchnachtigen.*
durnehtic vollkommen, hier = die heiligen Märtyrer. **303** Isid.
sent. 1, 27, 9: *pro diversitate conscientiarum.* **308** Attraction.

III. Das Lob Salomons

ist ein episches Gedicht von 24 Absätzen aus der ersten
Hälfte des XII. Jh.'s. Aus der fast wörtlichen Ueber-
einstimmung von V. 216—218 mit Konrads Roland 309,
13—15, auf welche Diemer hingewiesen hat, schliesst
Müllenhoff *MSD* Einl. XXXV auf Abfassung vor 1130.
Das Gedicht beginnt mit einer Anrufung des h. Geistes;
Salomon, der die Weisheit dem Reichtum vorzieht, voll-
endet den von David begonnenen Tempelbau mit Hilfe
eines fabelhaften Drachens; er empfängt den Besuch der
Königin von Saba, vor welcher er die Pracht seines
Hoflebens entfaltet nach 2. Chronika 9, 1—12 = 1. Könige
10, 1—13; das Gedicht schliesst nach dem Geschmack
der Zeit mit einer symbolischen Auslegung, indem Salomo
Gott den Herrn, die Königin die Kirche, die Diener die
Bischöfe und Priester bezeichnen sollen, und mit einem
Gebet. Die Episode von dem Drachen geht auf eine
rabbinische Legende zurück, worüber nach Diemers u.
Müllenhoffs Andeutungen Scherer, Zs. f. d. A. XXII,

19 des weiteren gehandelt hat. Die beiden letzteren
halten die Episode für interpoliert, haben jedoch keine
zwingenden Beweise beigebracht; dass dieselbe längere
Absätze hat, erklärt sich aus dem Inhalt zusammen-
hängender Erzählung. Das Gedicht hat in der Hs. 16
Absätze von 10, 3 Absätze von 8, 2 Absätze von 16
und je einen von 20 und 14 Versen. Für den Stil
sind Wiederholungen einzelner Redewendungen zu be-
achten: vgl. 39 f. mit 186 f., 65 f. mit 101 f., 165 f. mit
173 f., 201 mit 249, 219 f. mit 229 f.; ferner Ein-
schaltungen einzelner lateinischer Wörter, besonders am
Schluss eines Absatzes: 190, 220, 224, 238, 248.

Das Gedicht ist überliefert in der Vorauer Hs.
XI = Diemer, S. 107—114 in mitteldeutschem, wahr-
scheinlich rheinfränkischem Dialect.

Nach dieser Hs. kritischer Text in *MSD* XXXV von
Müllenhoff. Darüber gehandelt haben Bartsch,
Germania IX, 62; Konrad Hofmann, Sitzungsbericht
philos. histor. Klasse d. K. bair. Akademie zu München,
Bd. I, 1871, S. 553; Scherer, Q. u. F., VII, 56; XII, 40;
Zs. f. d. A. XXII, 19.

Bei der Herstellung des Textes bin ich mög-
lichst der Hs. gefolgt. Die Gründe, warum ich die von
Müllenhoff beliebte Umstellung von V. 137—144 und
145—154 nicht billigen kann, habe ich Beiträge XIV,
573—579 dargelegt. In der Schreibung der Hs., welche
ich Beiträge XI, 109 im Zusammenhang besprochen habe,
war wenig zu ändern. *uv* der Hs. = *iu* ist durch *û*, *w-*
= *wu-* in dieser Form, *du-*, *su-*, *zu-*, durch *dw-*, *sw-*,
zw-, wiedergegeben. Charakteristisch ist wie für „Summa
theologiae" und „Nobuchodonosor" die abgesetzte
Schreibung längerer Wörter, die sonst in der Vorauer
Hs. nicht vorkommt. Die Verhältnisse der Dentalen habe
ich ungestört gelassen, nur vereinzelt auftretendes *th* im
In- und Auslaut = oberdeutsch *t* durch *t* wiedergegeben.

Anmerkungen. **51** *Heronimus* und **55** *archely:* wohl
entstellt aus archäologie, aber man kennt keine derartige
Schrift von Hieronymus; Scherer denkt Zs. f. d. A. XXII,
19 an die Archäologie des Josephus, welche Hieronymus

wiederholt citiert, und giebt verwandte Sagen an. **53** Der
Sinn verlangt das prät, vgl. Beitr. XI, 115. **81** ohne *iz* un-
klar. **163** *dû* ist in *MSD* in *drû* verwandelt. *manigêri* =
Kaufleute? *MSD: machinarii?* **188** *vrambairi* Umlauts-
bezeichnung? **227** *ave* in *MSD* weggelassen, dafür *dû.*

IV. Nabuchodonosor.

Dieses epische Gedicht von 19 Absätzen aus der
ersten Hälfte des XII. Jh.'s identificiert den König Nabu-
chodonosor oder Nebukadnezar des Buches Daniel mit
dem gleichnamigen König des Buches Judith und ver-
bindet so die Geschichte der drei Jünglinge im feurigen
Ofen mit der Ermordung des Feldhauptmanns Holofernes.
Mit Konrad Hofmann (s. u.) und Bartsch (Kober-
stein, Gesch. d. dt. Nat. Lit. [5], I, 152) bin ich der
Ansicht, dass Scherer die Gedichte ohne genügenden
Grund in „3 Jünglinge im Feuerofen" und „Judith" zer-
legt hat, worüber näheres Beitr. XI, 116 ff. Das Gedicht
ist wahrscheinlich nicht vollständig überliefert, und der
letzte Absatz wird in *MSD* wegen V. 206, der zu V.
192 nicht passt, und wegen der Engelserscheinung wohl
mit Recht angezweifelt. Für den Stil sind wie im
Salomo Wiederholungen einzelner Redewendungen be-
zeichnend, so 45 und 47; 66, 67 und 69; 118, 154,
188; 144, 168, 182, 204; 173 f. u. 177 f. Der Grund-
gedanke des Gedichtes ist enthalten in den Versen 50
bis 56, welche sich 126—132 fast wörtlich wiederholen:
man braucht die zweite Stelle nicht mit Scherer für
interpoliert zu halten, indem der Dichter eben die Idee
wiederholt, unter welcher er die Geschichte der drei
Jünglinge und der Judith subsummiert. Der erste Teil
schliesst sich mit einigen Auslassungen ziemlich an
Daniel 3, 1—28 an, nur ist hinzugefügt, dass die drei
Männer im Ofen singen und Gott preisen; der zweite
beruht auf Judith 2, 4 f. *(vocavit Nabuchodonosor rex
Holofernem principem militiae suae,* was eben =
herzogi ist); 2, 7 (Versammlung des Heeres); 7, 1 (Be-
lagerung der Stadt Bethulia); 7, 6 u. 10 (Abschneidung

vom Wasser); 7, 13—25 (Bitte der Menge beim Obersten
Ozias um Uebergabe und die Festsetzung einer Frist);
10, 3 f. (Judith wäscht und schmückt sich); 10 (geht ins
Lager); 20 (wird von den Dienern auf Befehl des Holo-
fernes aufgehoben); 12, 19 f. (isst mit ihm); 13, 5 (H.
schläft ein); 7 (Gebet Judiths). Damit bricht unser Ge-
dicht ab. Die Liebeswerbung des Holofernes und das
Gelage ist lebhaft ausgemalt: es sind das eben Situati-
onen, wo dem Dichter aus einheimischen Stoffen die
Redewendungen reichlich zuflossen. Aus der Belagerung
von 20 Tagen ist ein Jahr, aus der Frist von 5 Tagen
sind deren 3 geworden; statt Bethulia steht das neu-
testamentliche Bathania, der *biscof Bebilîn* V. 135 ist
wohl aus dem *summus pontifex Joachim* 15, 9 ent-
standen (*MSD*, Anm. S. 430).

Das Gedicht ist überliefert in der Vorauer Hs.
= Diemer, S. 117—123, wonach es *MSD* XXXVI und
XXXVII bearbeitet ist. Der Dialect ist mitteldeutsch,
wahrscheinlich rheinfränkisch. Darüber gehandelt
haben Bartsch, German. IX, 63 f.; Scherer, Q. u. F.
VII, 56 und XII, 41; Konrad Hofmann, Sitzungsber.
d. philos. histor. Klasse München I, 557—561. Ueber
die Herstellung des Textes ist zu vgl. unter Nr. III
Lob Salomons.

Anmerkungen. 20 *dicki was* = *gidwas* Haupt (*getwâs*
Gespenst), wohl unnötige Aenderung; Sinn: ein unbestimmtes
Wesen, etwas das sehr unheimlich war. **29** Vielleicht sind
einige Instrumente ausgelassen: *MSD* Anm. zu Str. 3, 6.
45 *für nanti* = *furwanti MSD*, wohl unnötige Aenderung.
49 In der Hs. kein grosser Anfangsbuchstabe, *MSD* trennt
willkürlich. **95** Ergänze aus 87 *er hîz*. **147** *schônis* aus
schônist mit mitteldeutscher Apokope des *-t?* **159** f. in
MSD hierhergesetzt, in der Hs. nach 154. **178** in *MSD* für
unecht erklärt, **179** in zwei Verse zerlegt, in der Hs. nach
spîsi kein Reimpunkt. **216** *stûch* Schürze; Judith 13, 11
Reisetasche; *slûch MSD*. **219** reimlos.

V. Auslegung des Vaterunsers.

„Geistreiche, kunstvolle oder vielmehr gekünstelte Kombinationen zwischen den sieben Bitten des Vaterunsers, den sieben Gaben des heiligen Geistes, den sieben Seligkeiten, sieben alttestamentlichen Vorbildern etc., Kombinationen, welche zum Teil auf Hugo von St. Victor zurückgehen", so bezeichnet Scherer (s. u.) das Gedicht. Viele Bezüge zeigt jenes Mystikers *opsuculum de quinque septenis s. septenariis;* derselbe hat 1097—1141 gelebt, weshalb das Gedicht in die Mitte des XII. Jh.'s zu setzen wäre. Ferner ist nach *MSD* Anm. S. 451 benutzt *Albinus de septem sigillis* bei Froben, Alcuini Opp. 2, 2, 458. Scherer hat in demselben einen Leich erblicken wollen, Bartsch (s. u.) hat die Unhaltbarkeit dieser Annahme gezeigt. Die Strophen sind zwölfzeilig bis auf Strophe 4 (37—50) mit 14 Zeilen. Das Gedicht ist vollständig überliefert *A* in der Innsbrucker Hs. 652 = Mone, Anzeiger für Kunde der deutschen Vorzeit VIII (1839). S. 39—44 und *B* lückenweise in der Millstädter Hs. 167 (jetzt in Klagenfurt) = Karajan, deutsche Sprachdenkmale des 12. Jh.'s (1846) S. 67—70. *B* scheint in manchen Punkten dem Original näher zu stehen, ist aber sehr vermodert und enthält so kaum ein Drittel der Zeilen im Durchschnitt. *A* lässt den Raum für die Initialen leer. 'In welcher Art diese Erklärung des Vaterunsers abgefasst ist, zeigt folgende lateinische Zusammenstellung, welche in der Hs. nach dem folgenden Gedichte über die sieben Siegel beigefügt ist:

David. Spiritus timoris. Beati pacifici. Dies judicii Patern. Moises. Sp. pietatis. B. mundo. Ascensio dni. Adveniat. Jacob. Sp. scientiae. B. meseric. Resurrect. Fiat v. Isaac. Sp. fortitud. B. qui esur. Sepultura. Panem. Abraham. Sp. consilii. B. qui lug. Passio Chr. Et dim. Noe. Sp. intellect. B. mites. Baptism. Chr. Et ne nos. Adam. Sp. sapientiae. B. pauperes. Nativitas Chr. Sed libera.' (Mone.)

Die Mehrzahl dieser Angaben enthält die Hs. noch einmal, und zwar eine jede an ihrem Orte, als Ueberschrift der betreffenden Strophen. Beide Hss. sind oberdeutsch; *A* hat im Vokalismus einige altertümliche, aber auch verworrene Schreibungen, *B* zeigt einige Male schon *ov* für altes *û*.

Ueber das Gedicht, das in *MSD* XLIII bearbeitet ist, haben noch gehandelt Bartsch, Germania IX, S. 64—66; Scherer, Q. u. F. VII, 21; XII, 54.

In der Textherstellung habe ich mich in zweifelhaften Fällen an *B* gehalten, soweit die Ueberlieferung reicht. Bei den Lesarten ist bei fehlender Angabe *A* zu verstehen; alle Abweichungen von *B* sind angegeben, bei fehlender Angabe ist Uebereinstimmung oder Verlust anzunehmen. Fehlerhaftes *th* ist in *ht* verändert.

Anmerkungen. **33** f. Sprüche 9, 1: *Sapientia aedificavit sibi domum, excidit columnas septem.* **37** ff. Römer 8, 15. **41** ff. nach *MSD* auszustossen. Galater 3, 24. **42** *getelôs* = zügellos. **50** *misericordia* et von *MSD* beanstandet mit der unberechtigten Bemerkung: „dass die Ueberlieferung Unsinn ist, weil die Menschen nicht Barmherzigkeit gegen Gott üben können, würde auch Herr Bartsch, German. 9, 65 bemerkt haben, wenn er nicht so unglaublich flüchtig wäre;" *im* kann und muss wohl auf *chneht* bezogen werden. **81** f. Matthäus 5, 23. **85** f. 1. Samuel 24, 26. **97** f. Psalm 110, 1. **105** f. Lucas 11, 9. **107** ff. 2. Moses 33, 13. 20. **125** f. Colosser 2, 12. **129** ff. Römer 8, 13. **131** f. Genesis 32, 24—30. **135** ff. vgl. Honor. spec. eccl. p. 821 Migne: s. *MSD*. **143** *wizet* = Gesetz, Sacrament, hl. Abendmahl. **149** f. Epheser 4, 22. 24. **155** Genesis 22. **175** Marcus 8, 34. *der* demonstr. subject. **179** Genesis 20, 7. **181** ff. Genesis 18. **187** ff. Stellen bei Hrabanus Maurus und Bernhard von Clairvaux s. *MSD*. **198** Matthäus 10, 16. **210** Psalm 84, 7. **225** f. fehlt in *A* ganz. **240** *MSD* verweisen auf Summa theol. 97 = Element.

VI. Von der Siebenzahl.

Das Gedicht stellt, ausgehend von den sieben Siegeln der Apokalypse, alle möglichen Siebenzahlen aus der heiligen Schrift zusammen. 'Das Vorbild ...... mag etwa das achte Kapitel in des Isidorus *liber numerorum, qui in s. scripturis occurrunt,* das *de septenario numero* handelt, abgegeben haben.' (Scherer.) Es hat die Ueberschrift *de septem sigillis,* welches der Titel der Hauptquelle der in der Hs. vorangehenden Auslegung des Paternosters ist, weshalb Scherer dasselbe wohl mit Recht als eine Fortsetzung und Ergänzung jenes Gedichtes betrachtet. Nach der Auffassung der sieben Sacramente setzt er die Abfassung vor 1150. Das Gedicht hat 6 Absätze von 12 und 1 von 22 Versen; Scherer zerlegt diesen in V. 61—70, wonach er ohne Grund den Ausfall von 2 Versen annimmt, und 71—82, obwohl 71 in der Hs. nicht mit grosser Initiale beginnt; so erhält er lauter 12 zeilige Strophen, wovon je zwei nach der gleichen Melodie gehen sollen. Dass jedoch diese Annahme eines „Leiches" vollständig unbegründet ist, hat Bartsch nachgewiesen.

Das Gedicht ist überliefert in der Innsbrucker Hs. 652 = Mone, Anzeiger f. Kunde d. dt. Vorzeit VIII, S. 44—46; die Anfangsbuchstaben der Absätze sind nicht ausgefüllt. Mundart oberdeutsch,

Ausgabe in *MSD* XLIV, Anm. S. 454—457. Darüber gehandelt haben Bartsch, Germania IX, S. 66; Scherer, Q. u. F. XII, S. 54.

Bei der Textherstellung ist nur *wu-* für *w-* eingesetzt.

Anmerkungen. 1 *versant* = verbannt. 4 *dei* vgl. 57, 5—12. Offenbarung 5, 1—8. 6 *waiz* = *was iz.* 13 *brust,* Apokope des *-e,* vgl. 14; 25; 45. 23 *scrutiniis* s. *MSD,* Anm. zu 2, 11: *.. signum crucis super pueros ..* 33 Hiob 1, 2. 36 bis 44. Josua 6, 1—20. 46 *zaichene* gen. plur. abhängig von *wuntere. MSD.* 48 Offenbarung 1, 20. 50 ff. Jesaias 4, 1. 53 Bezug auf Offenbarung 1, 20: *septem ecclesiae.* 54 Zacharias 3, 9. 57 Zacharias 4, 2. 59 Offenbarung 5, 6. 61—65 3. Moses 23, 6; 2. Moses 12, 15. 66—68 Korinther 5, 8. 69 f. 2. Moses 12, 8. 71—74 2. Moses 23, 11; 3. Moses 25, 3 f. 75—79 3. Moses 25, 8—10. 86 Anspielung auf Matthäus „*septuagies septies";* ebenso ist wohl *sibenzec siben stunt* gemeint als 70 mal 7 (77 mal hiesse wohl *siben unde sibenzec stunt)* und der schamlose Witz gegen Bartsch in *MSD,* Anm. zu 8, 4 fällt auf Scherer zurück.

VII. Beschreibung des himml. Jerusalem.

Das Gedicht ist eine Schilderung des himmlischen Jerusalems aus der Mitte des XII. Jh.'s nach dem 21. Kapitel der Offenbarung Johannis, deren Entstehung V. 1—48 auseinander gesetzt wird. Darauf folgt die Erklärung der zwölf Thore· V. 49—94, die das Ziel der Menschen sein sollen V. 95—112; die Beschreibung des Inneren der seligen Stadt V. 113—127 und eine allegorische Ausdeutung der zwölf Grundsteine V. 128—431, nach *Marbodus de lapidibus*, der oft wörtlich übersetzt ist, wie Diemer (s. u.) nachgewiesen hat. Der Schluss V. 432—473 enthält eine Mahnung, den Worten des Apostels folgend, den schmalen Weg der Pflicht zum himmlischen Jerusalem zu wandeln. Scherer (s. u.) nennt das Gedicht kurz und treffend: „ein Stück theologischer Mineralogie, das sich der theologischen Zoologie des Physiologus würdig anschliesst." Literargeschichtlich sind interessant die Verse 18—20 und 450—455, wo der Dichter über die Abneigung des Publikums gegen geistliche Lieder und die Vorliebe für weltliche *(von der degenhaite)* klagt. Zu einer Zeit, wo in den Kreuzzügen um das irdische Jerusalem gerungen wurde, lag es übrigens nahe, das himmlische Jerusalem des Apostels Johannes auszumalen.

Das Gedicht ist in der Vorauer Hs. XI erhalten (Diemer, S. 361—372), die Anfangsverse 1—8 ausserdem bruchstückweise in der leider am Ende vermoderten Millstädter Hs. (Karajan S. 70). Die Absätze sind von verschiedener Länge. Konrad Hofmann hat in den Münchener Sitzungsber. phil. hist. Klasse 1871, S. 561 angenommen, die Schlussverse seien um eine oder zwei Hebungen verlängert. Jedoch ist überhaupt keine feste Zahl von Hebungen beabsichtigt, und Verse im Innern der Absätze, deren Sinn durchaus keine Aenderung erheischt, sind ebenso lang als einzelne Schlussverse. Reimlos ist V. 97, 155, 431. Das Gedicht ist in oberdeutscher, wahrscheinlich bairischer Mundart überliefert. Beachtens-

wert sind die fast systematisch durchgeführten Einschub-
vocale, sowie Spuren eines Kanons zwischen *d*- und *t*-.
Gehandelt hat über das Gedicht: Scherer,
Q. u. F. VII, 89; XII, 68; über die handschriftliche
Ueberlieferung vgl. Beitr. XI, S. 146 ff. Den Text giebt
nach Kollation der Hs. Piper, die geistliche Dichtung
des MA. II, 100 ff.

Bei der Textherstellung sind die willkürlich
wechselnden *u*-Laute, *ch* und *hc, ht* und *th, z* und *c*
geregelt und einige unorgan. *h*- entfernt; ausserdem sind
in V. 63—132, welche von einem späteren Schreiber er-
neuert wurden, dessen vermutliche Abänderungen be-
seitigt worden.

Anmerkungen. 23 *Domicius.* Domitius war der ur-
sprüngliche Name des Kaisers Nero 54—68 n. Chr. **25** Pat-
mos bei Ephesus. **53** vgl. Offenbarung 21, 16. **132** Jaspis:
viridis coloris. **149** *ruhelen* = *hinnire, rudere.* **156** *brûne,*
braun macht? Vielleicht ist ein Vers ausgefallen. **163** Saphirus:
coeli colorem habet. **174** Calcedonius: *quamdiu in domo est,
non lucet; sub diva id est aëre lucet.* **209** Smaragdus: *nimiae
viridatis est; omnes gemmas et herbas sua viriditate vincit.*
232 *Arimaspi:* s. Ersch und Grubers Encyclopädie unter
Arimaspen: ein fabelhaftes Volk des Altertums. **260** Sardonix:
*tres habet colores; subtus est niger, in medio candidus, desuper
rubeus.* **282** Sardius: *est totus rubens.* **304** Chrysolitus: *fulget
quasi aurum et emittit de se scintillas ardentes (308 ganaist).*
326 Beryllus: *lucet quasi aqua sole percussa* (vgl. nhd. Brille).
383 *zuoze zime* pleonastisch? **342** Topasius: *duos habet co-
lores, unum sicut aurum et alterum clariorem* **374** Chryso-
prassus: *est purpureus interguttatus guttis aureis.* **390** Jacintus:
*mutat colorem suum cum facie coeli; si coelum est clarum, ille
lucet; si est obscurum, non lucet.* **410** Ametistus: *est totus
rubeus, et quasdam roseas flammas de se emittit.* (Die An-
gaben über die 12 Steine sind aus *Marbodus de lapidibus;*
vollständige Wiedergabe des Textes bei Diemer, Ged. S.
89 ff.) **431** reimlos. **457** *apostolus* = Johannes. **473** *verboten
unte verbannen* allitterieren.

VIII. Vom Rechte.

Das Gedicht handelt von den Rechten und Pflichten
eines gottgefälligen Menschen nach der Auffassung eines

Geistlichen, der von der Würde und Verantwortlichkeit seines Amtes sehr erfüllt, von socialen Ideen angehaucht, vor allem die Kleinen und Niedrigen gegen die Grossen und Adligen in Schutz nimmt, indem vor Gott für alle das gleiche Recht gelte. Scherer möchte das Gedicht nach Kärnten setzen, kann jedoch hierfür nur die Heimat der Hs., das Kloster Millstadt in Kärnten, geltend machen: vgl. Vogt, Beitr. II, 266 f. Die Entstehungszeit ist wohl die erste Hälfte des 12. Jahrhunderts. Originell in seiner Lebensauffassung, naiv in seinen Bildern gehört das Gedicht zu den interessantesten Erscheinungen der Zeit. Ausdruck und Reim ist unbeholfen, die Reihenfolge der Gedanken nicht sehr logisch, sodass Scherers geistreiche Analyse, wie er selbst zugiebt, sehr zugestutzt ist. Dreireime befinden sich V. 13 ff. und 440 ff. Ein gutes Beispiel der Umständlichkeit bietet V. 102—105.

Das Gedicht ist überliefert in der bekannten Millstädter Hs., jetzt in Klagenfurt, = Karajan, Deutsche Sprachdenkmale d. 12. Jh.'s, S. 3—16; vgl. auch Diemer, Genesis und Exodus, S. II. Die Mundart ist oberdeutsch. Zu beachten ist *ou = û* (vgl. Beitr. XI, 150) und einigemale *eu = iu*.

Darüber gehandelt haben Scherer, Q. u. F. VII, 7—14 und XII, 51 f. und Vogt, Beitr. II, 266 f.

Bei der Herstellung des Textes war an der sorgfältigen Ueberlieferung wenig zu ändern. Die wenigen vermoderten Stellen hat Karajan meist entsprechend ergänzt; seine Vermutungen sind mit *K* bezeichnet. Im Text steht *iu =* handschriftlich *iv; iuw = iw; euw = ew; ou = ov; wu = w.*

Anmerkungen. 99 *routin = riuten* st. n. das Reuten. 135 *dremel* Balken. 149 *erdisen* Pflugeisen. 198 ff. Anknüpfung an Lucifers Uebermut und Fall. 245 Anknüpfung an das Gottesurteil durch die Feuerprobe. 269 *bestât* herangeht. 296 *itewîzaere* Schmäher. 298 f. Vor der eigenen Thüre kehren. 344 *ungemehlich* unbequem. 355 *guotin*, vgl. 504; 513 st. f. 364 ff. Scherer weist hin auf Hohelied ed. Haupt 74, 18. 369 Welche Quelle ist mit *diu buoch* gemeint? 377 *unde* relativisch. 415 Vgl. die Ausführungen der Hochzeit. 441 *gemare* Genosse. 464 ff. „Eine Ansicht, welche Berthold von Regensburg (Kling, S. 298) als ketzerisch bezeichnet." Scherer.

IX. Die Hochzeit.

Das Gedicht aus der ersten Hälfte des 12. Jh.'s schildert die Vorgänge bei einer vornehmen Hochzeit, um sie zu mystischen Deutungen auszubeuten, indem in beliebter Weise der Bräutigam dem heiligen Geist, die Braut der menschlichen Seele gleichgesetzt und noch manche andere Ausdeutungen von Personen und Gegenständen versucht werden. Das Motiv der Hochzeit ist der mittelalterlichen Theologie sehr geläufig, besonders durch die Auslegung des Hohenliedes. Die Schilderung der Hochzeit hat kulturhistorischen Wert. Die Darstellung ist umständlich und ungelenk, indem vor allem der häufige Wechsel des Subjects, das oft durch ein pron. pers. eigentlich nur angedeutet ist, ungünstig auffällt; dabei herrscht ein volkstümlicher Ton, der sich in der Anwendung von Bildern bekundet. Eine gewisse Polemik gegen die Reichen erinnert stark an das Gedicht „vom Recht". Der Reim macht dem Dichter viel Mühe. Dreireim liegt vor in 147 ff., 240 ff., 457 ff., 710 ff.; die Verse 504, 524, 531, 550, 701 sind reimlos, wovon jedoch die vier letzten trotz des Reimpunktes der Hs. wohl besser zum folgenden Verse zu ziehen sind.

Ueberliefert ist das Gedicht in der bekannten Millstädter Hs. = Karajan, Deutsche Sprachdenkmale, S. 19—44, welche leider stark unter Moder gelitten hat, in oberdeutschem Dialect. Erwähnt seien die Formen *dei* = *diu* neutr. pl. 217, 440; *wart* = *wort* 81, 368, 509; *heile* = *hele* 916, 934; *chünne* mit Umlautsbezeichnung 958; *lêhe* 162. In der Schreibung ist vor allem zu beachten, dass altes *û* fast immer als *ov* erscheint, auch in *chovt* 667 (spricht); Ausnahme *ûz* 1037 und *salûte* : *trûte* 1058 f. Die Vorauer Hs. bietet die Diphthongierung nur vereinzelt, vgl. Beitr. XI, 151.

Darüber gehandelt haben Scherer, Q. u. F. VII, 14—19 und XII, 52 f.; Vogt, Beitr. II, 266 (der c. 1130 als Entstehungszeit annimmt); Löbner, die Hochzeit, Diss. Berl. 1887. Für die vermoderten Stellen hat Karajan in seiner Ausgabe gute Ergänzungen geliefert, wozu Bartsch, Germ. VII, 278 einige Nachträge gegeben hat. Scherer a. a. O. vermutete starke Interpolationen und versuchte mehr als die Hälfte des Gedichts als solche abzutrennen, indem er alles ausschied, was nicht streng in den Rahmen der Hochzeitsschilderung und der allegorischen Deutung passt: wie öfters, wird hier von der Ansicht ausgegangen, der ursprüngliche Verfasser des Gedichts könne für anderes Beiwerk nicht verantwortlich gemacht werden, was doch nicht zu beweisen ist. Diesen Vermutungen folgend hat dann Löbner dem Gedicht seine „Bemühungen" zugewendet und „das Geschäft des Trennens und Scheidens" fortgesetzt, wie er selbst S. 30 naiv genug sagt, ohne neue zwingende Gründe beizubringen. Die teilweisen Widersprüche in der Auslegung der Hochzeit sind in der Verworrenheit der Mystik begründet und berechtigen nicht zur Annahme von Interpolatoren.

Im übrigen giebt er eine gute Analyse des Gedichts mit Quellennachweisen und eine Betrachtung über altdeutsche Verlobung und Hochzeit.

Das Gedicht zeigt, wie es uns vorliegt, gewiss manche Geschmacklosigkeiten, aber der Versuch, eine reinere Form herzustellen, die früher einmal vorhanden war, steckt sich ein unerreichbares Ziel. Ueber das allegorische Motiv der Hochzeit giebt Löbner näheres nach Raab, vier allegor. Motive in der lat. u. dt. Lit. des MA., Progr. Leoben 1885.

Bei der Herstellung des Textes ist *w-* in *wu-*, *ov* in *ou*, *iv* in *iuw*, einige Male *ae* in *e* geändert. *K* bezeichnet die Ergänzungen von Karajan.

Anmerkungen. **11** *furbert* hervorbringt? *fürbern?* **58** Wie hoch es ihm zu stehen kommt! **138, 156** f. Teufel. **150** Vorstellung des Gebirges als Wohnung Gottes aus Psalmenstellen. **164** Anknüpfung an Lucifers Fall. **172** *entrisch* alt, altertümlich. **226** *bevestenen* verloben. **309** f. vgl. Lucas 14, 36. **373** hl. Schrift; besonders Hohes Lied? **418** *arnot* Ernte.

439 ff. Beschreibung zum Teil nach Apokalypse 21, vgl. die Darstellung im himmlischen Jerusalem Nr. VII. **486** Anakoluth; erwartet: das bedeutet, dass, statt dessen *alsô*. **516** Fünf Pfunde aus Matthäus 25, 15. **529** *begân* betragen. **552** *enstân* verstehen. **585** ff. Adler nach Jesaias 40, 31. **634** *vervliuzen* zerfliessen machen, verderben. **790** *bevliuget* fliegend bedeckt. **809** *in gemƽiton, gemeite* Fröhlichkeit, eitle Lust. **812** *heimwarten liute* vgl. Lukas 14, 36. **814** Ueber die fünf Weltalter vgl. Lübner, S. 20. **824** ff. Lübner S. 33 weist hin auf die Geschichte vom Vogel Sisegoum im Physiologus, Karajan S. 99, 10 f. **962** *gemern* eintunken, zu Abend essen. **973** u. **977** *bevalchte* von *bevelgen* sw. v. übergeben. **1058** *salûte* = *salliute* Vermittler, hier = Apostel, s. Lübner, S. 20 f. **1064** f. Die Tischgenossen im Himmel Lukas 12, 36 f. **1088** ff. Anknüpfung an das Vaterunser.

X. Das Arnsteiner Marienlied

ist ein Zeugnis des wachsenden Marienkultus aus der Mitte des XII. Jh.'s und zugleich die Klage einer reuigen Sünderin *(ig armez wîf* 219; *mig sundigez wîf* 123*)*. In verschiedenen Bildern, teils aus dem alten Testament, teils aus der Natur, wird Maria in ihrer Doppelheit als Jungfrau und Mutter gepriesen. Es ist nicht unmöglich, dass das Gedicht von der Gräfin Guda von Arnstein herrührt, welche in frommer Zurückgezogenheit *(clausa semper, nusquam progrediens)* dahinlebte: vergl. *MSD* Anm. S. 433. Müllenhoff hielt das Gedicht für einen Leich mit der Einschränkung, dass „derselbe in seinem Bau derjenigen Regelmässigkeit und Symmetrie entbehrt, die andere Leiche auszeichnet"; auch macht er noch eine Reihe anderer Zugeständnisse, und es ist gewiss ein grosser Mangel, dass seine „grösseren Abschnitte sich keineswegs von einander sondern, vielmehr einer in den andern überleiten." Es sind überliefert 1 zweizeiliger, 6 vierzeilige, 7 sechszeilige, 7 achtzeilige, 5 zehnzeilige, 4 zwölfzeilige und je 1 vierzehnzeiliger, sechzehnzeiliger, zwanzigzeiliger Absatz. Diese Absätze wechseln bunt durch einander und sind von Müllenhoff durch eine künstliche Teilung in „Abschnitte" eingeteilt, die durch den Inhalt unmöglich gemacht werden. Vor

allem müsste doch bei 120 ein neuer Abschnitt gemacht
werden, wo die Sündenklage beginnt, und nicht bei 132,
wie in *MSD* geschieht. Ferner halte ich es für viel
passender, mit 198 statt mit 206 einen neuen Abschnitt
beginnen zu lassen, denn von 198 ab wird auf Jesus als
Helfer hingewiesen, und *des* in 206 bezieht sich auf
den vorhergehenden Satz. Ausserdem kann kein sicheres
System aufgestellt werden, weil nach 253 etwa 36 Verse
fehlen (= S. 9 der Hs.) und das Gedicht mitten im Satz
abbricht, so dass niemand sagen kann, was noch folgte.
Ich nenne es deshalb mit B e n e c k e „Marienlied".

Das Gedicht ist ü b e r l i e f e r t in einer Hs. aus dem
ehemaligen Marienkloster zu Arnstein an der Lahn, von
welcher B e n e c k e Zs. f. dt. A. II, 193—199 eine ge-
treue Abschrift gab. Die Mundart ist mittelfränkisch;
man beachte *d* statt *t* in Anlaut und Inlaut, *-g* statt *-ch*,
t statt *ht* (z. B. 8, 9, 18, 108), *nâ* 168, 249, *-v-* statt
-b-, *-f* statt *-b*, ferner die Formen *quam, van, male, sal*
und *her = er* 39, 49, 50; *brengen* 192; *burne* 231;
dû = diu steht als a c c u s. sg. f, 40, 58, 59, 103, 118,
119, 149, 194; *die wort* 35; die 1. sg. endigt auf *-n* in
120, 137, 140, 172, 174, 177, 220.

A u s g a b e in *MSD* XXXVIII, Anmerk. 430—434.
D a r ü b e r g e h a n d e l t haben ferner S c h e r e r Q. u. F.
XII, 37 f., J e l l i n g h a u s, Zs. f. dt. Ph. XV, 345—358.*)

Bei der T e x t h e r s t e l l u n g ist nur *z* für *c*, *v* für
-u- eingesetzt. Das bisweilen statt des Reimpunktes
stehende Zeichen ! ist weggelassen worden (anders *MSD*),
weil es nur an wenigen Stellen als Ausrufungszeichen
aufgefasst werden kann.

Anmerkungen. 1 J e l l i n g h a u s macht wahrscheinlich,
dass in der Hs. etwa 68 Reimpaare des Gedichtes voran-
gegangen sind. 5 *rûwe* m. = Schmerz. 16—29 vgl. *MSD*

---

*) Er giebt eine genaue Beschreibung und Kollation der Hs. und er-
örtert Form, Inhalt und Abfassungszeit des Gedichtes, das er nach 1148
setzt; die öfters angenommenen Dactylen bezweifelt er und bemerkt: „Die
wichtigsten Aenderungen, die in *MSD* an den betreffenden Versen vor-
genommen sind, werden unnötig, wenn man. den daktylischen Rhythmus
fallen lässt."

431, Jellinghaus, 351, der auf eine Stelle des Athanasius hinweist. **32** *buoche* st. f. **36** ff. vgl. Melker Marienlied V. 36 ff. **45** Exodus 3, 2. **50** *louvede* (Laub) grünte, vgl. 56; *MSD lougede* brannte. **55** *erbervet* offenbart. **65** ff. vgl. Melker Marienlied V. 4. **70** ff. Ezechiel 44, 1 f. **92** *andouge* Gegenwart. **132** *lidicheit* von *ledec = lôsheit MSD.* **154** Beginn eines Absatzes mit *Unde* vgl. Mariensequenz aus Muri 60 und 63. *MSD* ändern *unde.* **160** ff. Belege über die frommen Frauen bei Jellinghaus. **230** *porze* beizubehalten *= porte MSD.* **246** *helde = declivitas* von *hald MSD.* **280** ff. Schluss der alten Antiphona *Salve regina: O clemens, o pia, o dulcis virgo Maria MSD.* **286** *of* md. = oder *(got. aiþþau* aus *aifþau?* fries. *efþa).*

XI. Die Wahrheit.

Das Gedicht von 11 ungleichen Absätzen ist eine Strafpredigt gegen die Weltlichkeit in asketischem Sinne, wohl von einem Geistlichen in der Mitte des 12. Jh.'s verfasst. Der obige Titel ist aus V. 150 ff.: „*Daz liet heizet diu wârheit: daz ist dem tievel sô leit, swâ er daz hôret singen oder sagen oder dehein rede vone gote haben*" entnommen, indem diese Worte wohl mit Recht auf das vorliegende Gedicht bezogen werden. Scherer (s. u.) giebt eine ausführliche Paraphrase des Inhalts und bemerkt dann: „Eine gewisse leidenschaftliche Beredsamkeit lässt sich dem Dichter nicht absprechen, dabei Originalität im Ausdruck und in den Anschauungen." Er verweist ferner auf einige Uebereinstimmungen mit Ezzos Gedicht und dem Melker Marienlied, lässt jedoch unentschieden, ob dem Verfasser diese Gedichte selbst bekannt oder ihm nur einzelne Phrasen daraus zugeflogen waren (V. 30 f. vergl. Ezzo 157 f.; V. 28 f. vgl. Ezzo 170 und Melker Marienlied 43 f.). Zu V. 69 ff. erinnert Diemer an Freidank 54, 22. Mit Diemer nehme ich an, dass das Gedicht ein Fragment ist, indem Vers 6 eine ausführliche Schilderung des jüngsten Gerichtes in Aussicht stellt (vgl. Beitr. XI, S. 105 ff.).

Darüber gehandelt hat Müllenhoff, *MSD* [2] S. 385 und 438; Scherer, Q. u. F. VII, 51 ff.; XII, 63. Ueber die Schreibung vgl. Beitr. XI, 106.

Das Gedicht ist überliefert in der Vorauer Hs. XI
= Diemer, dt. Ged. S. 85—90, in oberdeutschem Dialect,
leider nicht von der Hand jenes peinlich genauen Schreibers,
sondern von einem anderen Schreiber aus dem Ende des
12. Jh.'s erneuert (s. Diemer, S. V). Reimlos ist V. 19,
ebenso 180, wenn man hier nicht Dreireim zu den beiden
vorhergehenden Versen annehmen will.

Bei der Herstellung des Textes habe ich ver-
sucht, dasjenige zu beseitigen, was jener jüngere Schreiber
nach Vergleichung mit anderen von ihm erneuerten
Stellen (im ganzen vier Blätter) vermutlich verändert
hat: *aei* für *ei*, *i* für *ǝ*, *c* für *z* und einige *ei* = *î*, *ov*
= *û*. Ausserdem hat er den Raum für alle Initialen
leer gelassen, welche Diemer ergänzt hat, und wird wohl
synkopierte Formen bevorzugt haben: vgl. Beitr. XI, 105.

XII. Die Vorauer Sündenklage,

von Diemer nach einem Teil ihres Inhalts Loblied
auf Maria genannt, ist wie das vorige Gedicht eine sub-
jective, poetische Beichte aus etwas späterer Zeit, etwa
der Mitte des 12. Jahrhunderts. Sie steht in naher Ver-
wandtschaft zu der „Millstädter Sündenklage"
(Karajan, dt. Sprachdenkmale = „Vom verlorenen
Sohne", S. 47—70), welche wegen der sehr verstümmelten
Ueberlieferung von vorliegender Sammlung ausgeschlossen
wurde.*)

Der Verfasser klagt sich darin der aus anderen
Beichten jener Zeit bekannten Sünden in ziemlich bunter
Reihenfolge an, indem er sich lebhaft in die Entstehung
derselben wie in eigene Erlebnisse hineinzudenken sucht.
Müller (s. u.) hat glaubhaft gemacht, dass wie in der
Millstädter Sündenklage und im Rheinauer Paulus
(Zs. f, dt. A. III, 519 ff) die Predigt des Honorius von
Autun: „in annunciatione sanctae Mariae" benutzt ist.

----

*) Der Versuch einer Textherstellung ist unter Benutzung der Ver-
mutungen von Bartsch, Scherer, Müllenhoff und Steinmeyer
durch Rödiger, Zs. f. dt. A. XX, S. 255—282 geliefert worden.

Vers 1—13 stimmt ziemlich genau mit dem Bruchstück eines Gebets, das aus einer Zwettler Hs. Fundgruben I. 260 abgedruckt ist, die lateinische Eingangszeile, sowie Vers 2 und 3 findet sich auch im Angenge (Hahn, Ged. d. 12. u. 13. Jh.'s, S. 1). Die Anrufung Marias umfasst Vers 8 — 291, die Anrufung Gottes und Christi 292 — 445, das Sündenbekenntnis 446 — 557; daran schliessen sich allgemeine Fürbitten unter Anführung der Beispiele göttlicher Gnade. Schön ist die Ausmalung 753—772, dass nur christliche Liebe, Geduld und Demut ein *brustslôz* gegen die furchtbaren Geschosse des Teufels sein könne. Die Sätze sind meist lang, der Stil hat etwas dogmatisch-disputierendes.

Das Gedicht ist überliefert in der Vorauer Hs. XI = Diemer, dt. Ged. S. 295—316. Es ist wahrscheinlich, dass das mittelfränkische Original (beachte 424 *le* = *ze*, 708 *it* = *iz*, worauf Scherer hinwies) durch die Hände eines Oberdeutschen gegangen ist, dessen Aufzeichnung dann die Vorlage des peinlich-konservativen Vorauer Schreibers wurde. Dass die Verse des Originals eine bestimmte Zahl von Hebungen beabsichtigten, ist nicht wahrscheinlich, ebensowenig die Einstreuung von Langversen, für welche Scherer sogar eine künstliche Symmetrie herausfinden wollte. Das Versmass und die Reime sind noch ziemlich unbeholfen. Reimlos sind die Verse 285, 340, 423, 645 (Dreireim?), 809. Beispiele für Attractionen bieten 15, 235, 284, 648; für Contractionen *deiz* 540; *we z* 102, 475; *zů* steht meist statt *ze*.

Ueber das Gedicht haben gehandelt: Scherer, Q. u. F. VII, 77 ff., XII, 38; Müller, Anton, die Vorauer Sündenklage, Diss. Breslau, 1887 (bespr. Literaturblatt f. germ. u. rom. Phil. 1889, Sp. 245—247); über die handschriftliche Ueberlieferung vergl. Beitr. XI, 135 ff., eine Kollation der Hs. giebt Piper, Geistliche Dichtung des MA. II, 83 f.

Bei der Herstellung des Textes sind nur die *u*-Laute, die sehr verwirrt sind, getrennt worden.

Anmerkungen. 1 ff vgl. Bruchstücke eines Gebets in Hoffmann's Fundgruben I, 260, sowie den Beginn des

c*

Anegenge, worauf *Di.* hinweist. **108 ff** vgl. XV, 22; XVI,
1; XVII, 1; X, 228. Hinweis auf Stellen bei Isidor etc. *MSD*,
S. 435 f. **208** *wile* = Schicksal, sehr oft in der Kaiserchronik.
291 Alte Fügung, *daz er* zu ergänzen. **439** *unde* relativisch.
590 *ubelen hunde* vgl. 769 *hunt verwâzen;* 784 *verwâzzene hunt*
= Teufel. **683** vgl. IV, 33 ff. **694** vgl. Gebet einer Frau
Di. 375, 9 ff. **727** vgl. II, 25. **839** *zaten* prät. von *zetten* sw. v.

XIII. Die Upsalaer Sündenklage

ist eine poetische Beichte aus dem ersten Drittel des
12. Jh.'s, allem Anschein nach „eine getreue, oft den
Wortlaut beibehaltende Umreimung einer prosaischen
Beichte." „Von den uns erhaltenen prosaischen Beichten
kann keine die Vorlage unseres Gedichtes gewesen sein,
doch zeigt sich eine nahe Verwandtschaft mit einer
Gruppe baierischer Beichten *(MSD* LXXVII, LXXXVII
und XCIV—XCVII, ferner stehen XC, XCI)."

Das Gedicht ist überliefert auf den drei letzten
Seiten eines Upsalaer Miscellancodex von einer Hand
des 12. Jh.'s, wovon die allerletzte Seite durch Abreiben
vollständig unlesbar geworden ist, in mitteldeutschem,
wahrscheinlich rheinfränkischem Dialect. Die Reime
weisen auf ein mitteldeutsches Original. „Der Versbau
ist mit grosser Freiheit behandelt, durchgängig regel-
mässige Verse zu vier Hebungen waren gewiss nicht be-
absichtigt."

Ueber das Gedicht gehandelt hat nur K. v.
Bahder, Germania XXXI, S. 99—104, wo er zum ersten
Male eine Abschrift giebt; von ihm rühren die oben an-
geführten Angaben her, die er im einzelnen belegt.

Seine Herstellung des Textes konnte vollständig
beibehalten werden, nur ist wie sonst *w* für das stell-
vertretende *uu* eingesetzt.

XIV. Benedictbeurer Gebet zum Messopfer.

Das Gedicht, aus der zweiten Hälfte des 12. Jh.'s
herrührend, wurde von Roth als „Lied an Gott den

Vater", von Schmeller als „Gesang zur Messe", von
Wackernagel (Lit. Gesch. ², 349) richtiger als „ein
das Messopfer begleitendes Gebet" bezeichnet. Es hat
5 Absätze von zweimal 16, je einmal 30, 10, 22 Zeilen.
Dasselbe entbehrt des lyrischen Schwungs, enthält im
Gegenteil trockene, fast logisch reflectierende Ausein-
andersetzungen über das Messopfer, woran sich jeweils
Bitten anreihen. So kann ich die langatmigen Absätze
nicht als Gesang, viel weniger noch mit Müllenhoff
als Leich auffassen. Aehnliche spätere Gedichte sind
von Steinmeyer, Zs. f. dt. A. XVII, 425 f. (etwa aus dem
J. 1200) und XVIII, 455 f. (Freidank) veröffentlicht
worden.

Das Gedicht ist überliefert in der Benedictbeurer
(Oberbayern) Hs. 116, die jetzt in München cod. lat.
4616 bildet = Schmeller, Zs. f. d. A. VIII, S. 117—119.
Ausgabe in Roth, Denkmäler d. dt. Sprache (1840),
S. 46 f. und in *MSD* XLVI, Anm. S. 459 f. Vgl. auch
darüber Q. u. F. XII, 102. Der Dialect ist bairisch.

In der Textherstellung ist nur die Abbreviatur
un̄ aufgelöst und das bisweilen auf kurzen Vocalen so-
wie auf *ai* und *ei* stehende Längezeichen beseitigt.

Anmerkungen. **22** *erman = ermane*, vgl. **54** *zem*, **63** f.
den : beneme. **79** *unde* relativisch.

XV. Das Melker Marienlied

ist ein durch Schönheit ausgezeichnetes Gedicht von 14
sechszeiligen Strophen, deren jede mit dem Refrain
Sancta Maria schliesst. Verschiedene Stellen beruhen
auf dem Hohenliede. Scherer wollte es in Gruppen
von 3, 3, 2, 3, 3 Strophen zerlegen, unter Hinweis auf
Ezzos Gesang und das Lob Salomonis (Zs. f. österr.
Gymn. 1870, S. 188); aber wie eine derartige Gliederung
sich bei jenen Gedichten als unhaltbar gezeigt hat, so
ist sie auch hier zweifelhaft (man kann auch gliedern 3,
2, 1, 2, 4, 1, 1), d. h. es ist unsicher, ob dabei eine be-

wusste Absicht vorhanden war. Steinmeyer, Zs. f. d.
A. XX, 127, hat mehr beiläufig auf gleichen Beginn von
Str. 1 u. 2 mit *Jû*, 5 u. 6 mit *E-*, 7 u. 8 mit *Dô*, 9 u.
10 mit *B-*, 13 u. 14 mit *Ch-* hingewiesen; aber dabei
muss er in 6 Esayas lesen, während die Hs. Ysayas
überliefert (vgl. Arnsteiner Mar. 32) und 9 mit einer,
allerdings auch sonst vorgeschlagenen, Umstellung be-
ginnen lassen. Es ist möglich, dass das Lied zum Chor-
gesang bestimmt war; ich nehme auch hier nur zwei
Haupthebungen als feststehend an und accentuire die erste
Strophe folgendermassen:

> Jû in érde
> leit Áaron eine gérte,
> diu gebár mándalon
> núzze alsô édile:
> die súoezze hâst du fúre brâht,
> múoter âne mánnes rât,
> Sáncta María.

Hoffmann erkannte in dem Schreiber des Ge-
dichts dieselbe Hand, welche die Melker Annalen und
das Nekrologium in der gleichen Handschrift bis 1133
fortführte, wonach das Gedicht in die erste Hälfte des
12. Jh.'s zu setzen wäre; Scherer will es ins Ende des
11. Jh.'s verlegen.

Das Gedicht ist überliefert in der Melker Hs.*)
J 1, wonach es in Pez, thesaurus anecdotorum (1721)
und in Hoffmann's Fundgruben II, S. 142—144 ab-
gedruckt ist. Wackernagel nahm es 1859 in sein
deutsches Lesebuch auf, und 1870 erschien Strobl, das
Melker Marienlied in photographischer Nachbildung, mit
einer Musikbeilage von Ludwig Erk. Den auf dem
Rande rechts neben dem Liede der Länge des Blattes
nach wohl erst im 15. Jh. eingetragenen Noten hatte
letzterer den Text des Gedichtes unterlegt, aber sie haben
mit demselben nichts zu thun, wie Scherer (s. u.) ge-
zeigt hat. In *MSD* bildet das Gedicht Nr. XXXIX, in

---

*) Das berühmte Benedictiner-Stift Melk in Oesterreich unt. der Enns
hat am 21. März 1889 sein achthundertjähriges Jubiläum begangen.

Pipers Lesebuch Nr. XVIII. Die Mundart ist ober-
deutsch.

Darüber gehandelt haben noch Scherer, Zs. f.
österr. Gymn. 1870, S. 187—193 sowie in Q. u. F. XII,
55 f.; Steinmeyer, Zs. f. d. A. XX, 127.

Bei der Textherstellung konnte ich vollständig
der Hs. folgen: *tůben* 62, *flŏzzit* 66 und *flŏhet* 69
haben wohl keine lautliche Bedeutung.

Anmerkungen. 1 *Jů in erde leite* 2 *Aaron eine gerte*
ändern Wackernagel und *MSD,* um den ersten Vers länger
zu machen. 2 Vgl. 4. Mose 17, 6 ff. 6 Vgl. Ezzo 165. 8 Vgl.
Arnsteiner Marienlied 44 ff. 15 Vgl. Richter 6, 36 ff. 22
Mancherlei Belege bei *MSD,* u. a. Hoheslied 6, 9. 29 *Huius
virginis genealogia ab evangelistis quasi linea ad hamum con-
texitur, in cuius fine filius eius ut hamus annectitur, dum
Jesus Christus de ea natus dicitur.* Honorius August. spec.
eccl. p. 906. 33 *erworgen* sonst sw.; wegen des Reimes *en?*
36 Vgl. Jesaias 11, 1; Arnsteiner Marienlied 32 ff. 39 *gimme,*
„das herrlichste in seiner Art", hier adjectivisch? 43 Vgl.
Ezzo 170, Wahrheit 28 f. 57 Vgl. Ezechiel 44, 1 f., Arnsteiner
Marienlied 70 ff. 59 Hohelied 4, 11. 64 ff. Hohelied 4, 12—14.
78 *zwissen = zwiscen.* 89 f. Judith 15, 10: *tu gloria Jerusa-
lem, tu laetitia Israel.* 94 ff. Isidor de ortu et obitu patrum
c. 67: *Maria . . . templum dei, sacrarium spiritus sancti.*

XVI. Mariensequenz aus St. Lambrecht,

aus der 2. Hälfte des 12. Jh.'s, ist mit der Sequenz
aus Muri (Nr. XVII) das erste sichere Beispiel für
eine deutsche Sequenz, d. h. ein Gedicht mit sangbaren,
ungleichen Strophen. Es finden sich in derselben die
traditionellen Bilder der Marienverehrung, „die drei
ersten Strophen sind, wie schon Mone bemerkte, Ueber-
setzung der ersten Strophen der Sequenz *Ave praeclara*
(Mone 2, 355—357, Nr. 555). Alles folgende weicht
ab, und es ist nicht wahrscheinlich, dass ein anderer
lateinischer Text zu Grunde liege." (*MSD* Anm. S. 441 f.)
Das Gedicht ist wahrscheinlich ein Fragment.

Das Gedicht ist überliefert in der Grazer Pergament-
Hs. Nr. 39/17 aus dem Stift St. Lambrecht in Steiermark

= Diemer, dt. Ged., S. 384, und ist kritisch bearbeitet in *MSD* Nr. XLI.

Darüber gehandelt hat ferner Scherer, Q. u. F. XII, 68.

Bei der Textherstellung ist *z* für *c* gesetzt und die Abkürzung von *er* aufgelöst.

Anmerkungen. 5—8 in *MSD* stark verändert, um reinere Reime zu gewinnen. Jedenfalls ist in 6 *die sunne* beizubehalten und nicht *den sunnen* zu setzen: vgl. **11** *diu sunne.* **16** Vgl. mit dem Anfang des Melker Marienlieds (Nr. XV). **17** *dinchûs* Halle bei einer Kirche. *alle verte* vgl. nhd. *allerwegen.* **31** *er sprach* in *MSD* ausgestossen. — Die Reimpunkte sind in der Hs. öfters unrichtig gesetzt.

XVII. Mariensequenz aus Muri.

Das Gedicht, mit dem vorhergehenden der älteste sichere Beleg deutscher Sequenzen in ungleichen Strophen, ist eine Verherrlichung der Jungfrau Maria in den üblichen Bildern aus der zweiten Hälfte des 12. Jh.'s. Auch diesem Dichter hat die berühmte Sequenz '*Ave praeclara maris stella*' (Schubiger, die Sänger- schule St. Gallens, exempla Nr. 56) vorgeschwebt, deren Melodie er auch allem Anschein nach seine Worte an- bequemte; der Inhalt ist jedoch nur an einigen Stellen verwandt.

Das Gedicht ist vollständig überliefert in einer Hs. des Klosters Muri im Kanton Aargau, *A*, seit dessen Plünderung im Jahre 1841 sie verschwunden ist; Graff hat Diutiska II, 294—296 (1827) einen genauen Ab- druck geliefert. Sodann befindet sich Vers 1—39 im Katalog des Klosters Engelberg in Unterwalden, *B*, in welchem diese Stelle aus einem Missale abgeschrieben ist (ungedruckt, vergl. Graff, a. a. O. Anmerk. S. 294). Schliesslich findet sich Vers 41 bis Schluss in einer Münchener Hs. C. l. 935, *C*, dem sogen. Gebetbuch der heil. Hildegard, s. Keinz, Münchener Sitzungsber. 1870, II, 113 f. *A* und *B* sind oberdeutsch, *C* mitteldeutsch.

Ausgaben: Lachmann, Rhein. Museum III, S. 427—429 = Kl. Schriften I, 330—334; Wackernagel, Lesebuch Sequentia de S. Maria'; *MSD* XLII, Anm. S. 442—445.

Darüber gehandelt hat ferner Scherer, Q. u. F. XII, 115 f.

Bei der Textherstellung war mir *A* fast immer massgebend. *B* war mir nicht zugänglich, muss übrigens mit *A* sehr übereinstimmen, da Lachmann, dessen Text von *A* fast nicht abweicht, bemerkt: „Ich gebe den Leich mit einigen, nicht angezeigten Verbesserungen, die auf der in Diutisca II, 295 erwähnten Abschrift im Katalog des Klosters Engelberg beruhen. Graff hat mir seine Auszüge freundschaftlich mitgeteilt." Wo bei einer Lesart nichts angegeben, ist immer *A* gemeint. Aus *C* sind nur wirkliche Abweichungen angegeben, alle mundartlichen Schwankungen unerwähnt geblieben. Die Abtrennung der Strophen nach den rotgeschriebenen Anfangsbuchstaben in *A*.

Anmerkungen. 1—5 Lachmann ändert: '. . . *liehter meres sterne, . . . luccrne, . . . zelle, . . . capelle*', weil er glaubte, „dass die vier ersten Reime auf lateinisches -*a* für dieses Gedicht zu roh sind." Dieser Grund ist nicht stichhaltig, und es ist kaum glaublich, dass ein Abschreiber für deutsche Ausdrücke des Originals später lateinische eingesetzt hätte; ausserdem stimmt '*beslozeniu cappelle*' nicht zu *porta sanctuarii* Ezechiel 44, 1, wohl aber hat *bislozenu porta* der Hs. Parallelen in Mariensequenz aus St. Lambrecht 4 f., Arnsteiner Marienlied 70. **13** *gelouben* Lachmann, *MSD*, „weil sonst das Gedicht als ein Lob der Trinität angekündigt würde"; für die Hs. spricht *wâre rede* V. 11. **37** *mirantur ergo saecula quod aure virgo concipit* Mone, lat. Hymnen nr. 419, 9 ff. **66** Die Umstellung von **60—62** und **63—65** in *C* beweist wohl, dass mit *Hilf* eine neue Strophe zu beginnen hat.

Im Text zu berichtigen.

I, 14. tuon. = tuon
II, 214. indaz = in daz
II, 240. gidoffit = gidouffit
III, 128 lichtwaz = lichtvaz
III, 190. Hinrsalem = Hiersalem
IX, 653. .... = w ...
XVII, 8. ware = wâre.

I. Ezzos Gesang.

1 Der guote biscoph Guntere vone Babenberch
   der hiez machen ein vil guot werch:
   er hiez dî sîne phaphen
   ein guot liet machen.
5 eines liedes si begunden,
   want si dî buoch chunden.
   Ezzo begunde scrîben,
   Wille vant die wîse.
   duo er die wîse duo gewan,
10 duo îlten si sich alle munechen.
   von êwen zuo den êwen
   got genâde ir aller sêle.

I. *Nu wil ih iu herron*
   heina wâr reda vor tuon
   von dem angenge,
   von alem manchunne,
5 *von dem wîstuom alse manicvalt,*
   ter an dien bûchin stêt gezalt,
   ûzer genesi unde ûzer libro regum,
   tirre werlte al ze dien êron.

   Ich wil iu eben allen
   eine vil wâre rede vor tuon|
15 von dem mînem sinne
   von dem rehten anegenge,
   von den genâden also manechvalt,
   dî uns ûz den buochen sint gezàlt,

   I, 1. Nu *Barack* = .v. *In der Strassb. hs. sind die Lücken*
der Initialen nicht ausgefüllt.

ûzzer genesi unt ûz libro regum,
20 der werlt al ze genâden.

II. *Lux in tenebris,*
 daz sament uns ist:
 der uns sîn lieht gibit,
 neheiner untriwon er ne fligit.
 5 *in principio erat verbum,*
 daz ist wâro gotes sun,
 von einimo worte er bechom
 dire werlte al ze dien gnâdon.

Die rede dîe ich nu sol tuon,
daz sind die vier ewangelia.
in principio erat verbum,
daz was der wâre gotes sun:
25 von dem einem worte
er bequam ze trôste aller dirre werlte.

O lux in tenebris,
du hêrre du der mit samet uns bist,
du uns daz wâre lieht gibest,
30 neheiner untriwe du ne phligist.
du gêbe uns einen hêrren,
den scholte wir vil wol êren.
daz was der guote suntach,
necheines werches er ne phlach;
35 du sprêche, ube wir den hîlten,
wir paradyses gewîlten.

Got mit sîner gewalt
der wurchet zeichen vil manecvalt,
der worhte den mennischen einen
40 ûzzen von aht teilen:
von dem leime gab er ime daz fleisch,
der tow bezêchenit den sweiz,
von dem steine gab er ime das pein

---

35. den hîlten, wir *C. Hofmann* = *fehlt.*

(des nist zwîvil nehein),

45 von den wurzen gab er ime dî âdren,
von dem grase gab er ime daz pluot,
von dem mere gab er ime daz hâr,
von den wolchen daz muot.
duo habet er ime begunnen
50 der ougen von der sunnen,
er verlêh ime sînen âtem,
daz wir ime den behîlten,
unte sînen gesin,
daz wir ime îmer wuocherente sîn.

III. *Wâre got, ih lobin dih,*
din anegenge gihen ih.
taz anagenge bistu trehten ein,
ih negiho in anderz nehein.
5 *der got tes himilis,*
wâges unde luftes
unde tes in dien viern ist
ligentes unde lebentes
(daz geskuofe du allez eino,
10 *du ne bedorftost helfo darzuo):*
ih wil dih ze anegenge haben
in worten unde in werchen.

55 Wârer got, ich lobe dich,
ein anegenge gih ich an dich:
daz anegenge bistu trehtin ein
(jâ ne gih ich anderez nehein)
der erde joch des himeles,
60 wâges unte luftes
unt alles des in den vieren ist
lebentes unte ligentes;
daz geschôphe du allez eine
du ne bedorftest helfene dar zuo.
65 ich wil dich ze anegenge haben
in worten unt in werchen.

---

42. sweihc. 55. dihc. 60. lustes.
61. in den = *fehlt, vgl.* III, 7.

IV. *Got tu gescuofe al daz ter ist,*
   âne dih ne ist nieht,
   ze allerjungest gescuofe du den man
   nâh tînem bilde getân,
5 *nâh tîner getâte,*
   taz er gewalt habete.
   du bliesimo dînen geist în,
   taz er êwic mahti sîn.
   noh er ne vorhta imo den tôt,
10 *ub er gehielte dîn gebôt.*
   ze allen êron gescuofe du den man:
   du wissôs wol sînen val.

   Got du geschuofe allez daz ter ist,
   âne dih nist nieweht,
   ze allerjungest gescuofe du den man
70 nâh dînem bilde getân,
   nâh dîner getête,
   sô du gewalt hête.
   du blîse im dînen geist în,
   daz er êwich mohte sîn.
75 noh er ne vorhte den tôt,
   ub er behielte dîn gebôt.
   zallen êren gescuofe du den man:
   du wessest wol den sînen val.

   Duo gescuof er ein wîp,
80 si wâren beidiu ein lîp.
   duo hiez er si wîsen
   zuo dem vrônem paradŷse,
   daz si dâ inne wêren,
   des sînen obzes phlêgen,
85 unt ub siu daz behielten,
   vil maneger gnâden si gewîlten.
   die genâde sint sô mancvalt,
   sô si an den buochen stânt gezalt

IV, 4. gtan.
71. nâh dîner *Di.* = nah diner getan nah diner.

von den brunnen
90 die in paradyse springent:
   honeges rinnet Geon,
   milche rinnet Vison,
   wînes rinnet Tigris,
   oles Eufrates.
95 daz scuof er den zwein ze genâden
   dî in paradyse wâren.

V. *Wie der man getâte,*
   tes gehugen wir leider nôte.
   turh tes tiufeles rât,
   wie skier er ellende wart!
5 *vil harto gie diu sîn scult*
   uber alle sîn afterchumft:
   sie wurden allo gezalt
   in des tiuveles gewalt.
   vil mihil was tiu unser nôt:
10 *tô begonda rîcheson ter tôt,*
   ter hello wuos ter ir gewin,
   manchunne al daz fuor darîn.

Wie der man getête,
   des gehuge wir leider nôte.
   dur des tiefelles rât,
100 wî schîr er ellente wart!
   vil harte gie diu sîn scult
   uber alle sîne afterchunft:
   duo wurde wir alle gezalt
   in des tiefelles gewalt.
105 vil michel was diu unser nôt:
   duo beguude rîchesen der tôt,
   der helle wuochs der ir gewin,
   manchunne allez vuor în.

VI. *Dô sih Adam dô bevîl,*
   dô was naht unde vinster,

---

106 rischesen.   107 wosch.

dô skinen her in welte
die sternen be ir zîten,
5 *die vil luzel liehtes pâren,*
sô berhte sô sie wâren:
wanda sie beskatwota
diu nebilvinster naht,
tiu von demo tievele chom,
10 *in des gewalt wir wâren,*
unz uns erskein der gotis sun,
wâre sunno von den himelen.

Duo sih Adam geviel,
110 duo was naht unte vinster,
duo irscinen an dirre werlte
dî sternen bire zîten,
dî der vil luzzel liehtes bêren
sô berhte sô si wâren:
115 wante siu beschatewôte
diu nebelvinster naht,
diu von dem tiefel bechom,
in des gewelte wir alle wâren,
unze uns erscein der gotes sun,
120 wârer sunno von den himelen.

VII. *Der sternen aller ieñch,*
der teilet uns daz sîn lieht.
sîn lieht taz cab uns Abel,
taz wir durh reht ersterben.
5 *dô lêrta uns Enoch,*
daz unseriu werh sîn al in got.
ûzer der archo gab uns Noe
ze himele reht gedinge.
dô lêrt uns Abraham,
10 *daz wir gote sîn gehôrsam,*
der vil guote David,
daz wir wider ubele . . . . .

---

114 sô berhte *vgl.* VI, 6 = sô bereht *MSD = fehlt.* VII, 2
lieht = leth. VII, 12 *Hier hört die Strassb. hs. auf.*

Der sternen aller iegelîch,
der teilet uns daz sîn lieht.
daz gab uns Abel,
daz wir dureh reht ersterben.
125 duo lêrt unsih Enoch,
daz unsriu werch sîn elliu guot.
ûz der archa gab uns Noe
ze himele rehten gedingen.
duo lêrt unsih Abraham,
130 daz wir gote sîn gehorsam,
der vil guote David,
daz wir wider ubele sîn gnâdich.

Duo irscein uns zaller jungest
Johannes baptista
135 dem morgensternen gelîch:
der zeigote uns daz wâre lieht,
der der vil waerlîche was
uber alle prophetas,
der was der vrône vorbote
140 von dem geweltigen gote.
duo rief des boten stimme
in dise werltwuostunge,
in spiritu Elie
er ebenôt uns den gotes wech.

145 Duo die vinf werlte
gevuoren alle zuo der helle
unte der sehsten ein vil michel teil,
duo irscein uns allen daz heil.
duo ne was des langore bite,
150 der sunne gie den sternen mite.
duo irscein uns der sunne
uber allez manchunne,
in fine seculorum
duo irscein uns der gotes sun

---

134 Johannes baptista dem *Di.* == bap. 138 pᵇphᵇas. 143 spi-
ritu = spū. 153 seculorum = selōr. 161 sancta = scā.

155 in mennisclîchemo bilde:
den tach brâht er uns von den himelen.

Duo wart geborn ein chint,
des elliu disiu lant sint,
demo dienet erde unte mere
160 unte elliu himelisciu here,
den sancta Maria gebar:
des scol sie iemer lop haben,
wante si was muoter unte maget
(daz wart uns sît von ir gesaget),
165 si was muoter âne mannes rât,
si bedachte wîbes missetât.

Diu geburt was wunterlîch:
demo chinde ist nieht gelîch.
duo trante sih der alte strît,
170 der himel was ze der erde gehît.
duo chômen von himele
der engil ein michel menige,
duo sanch daz here himelisch:
gloria in excelcis,
175 wie tiure guot wille sî,
daz sungen si sâ der bî.
daz was der êreste man
der sih in Adames sunden nie ne bewal.

Daz chint was gotes wîsheit,
180 sîn gewalt ist michel unte breit.
duo lach der rîche gotes sun
in einer vil engen chrippe.
der engel meldot in dâ,
die hirte funden in sâ.
185 er verdolte, daz si in besniten,
duo begieng er ebreiscen site:
duo wart er circumcisus,

---

167 geburht. 174 gloria = gl'a. 176 sâ der bî *Haupt* = der
sa bî. 178 in Adames *Di.* = mademes.

duo nanten si in Jesus.
mit ophere lôste in diu maget
190 (des ne wirt von ir niht gedaget),
zwô tûben brâhte si fur in:
dur unsih wolt er armer sîn.

Antiquus dierum,
der wûhs unter den jâren:
195 der ie âne zît was.
unter tagen gemêrter sîn gewahst.
duo wuohs daz chint edele,
der gotes âtem was in imo.
duo er drîzzich jâr alt was,
200 des disiu werlt al genas,
duo chom er zuo Jordane,
getoufet wart er dare:
er wuosch ab unser missetât,
neheiner selbe nîne hât.
205 den alten namen legite wir dâ hine,
von der touffe wurte wir alle gotes chint.

Sâ duo nâh der toufe
diu gotheit sih ougte.
daz was daz êrste zeichen:
210 von dem wazzer machot er den wîn.
drin tôten gab er den lîb,
von dem bluote nert er ein wîb.
dî chrumben unt di halzen,
dî machet er alle ganze.
215 den blinten er daz lieht gab,
neheiner mîte er ne phlach.
er lôste mangen behaften man,
den tiefel hiez er dane varen.

Mit finf prôten sat er
220 vinf tûsent unte mêre,

---

193 armer *MSD* = armen.   207 Sâ *Haupt* = Da.   208 sih
ougte *Haupt* = ouch sih sa.   209 enste.   218 tiefuel.   219 sat
s. WB. unter saten.

daz si alle habeten gnuoc:
zwelf chorbe man danne truoc.
mit fuozzen wuot er uber fluot:
zuo den winten chod er 'ruowet'.
225 dî gebunden zungen
dî lôst er dem stummen.
er ein wârer gotes prunne,
dei heizzen vieber lascht er duo.
diu touben ôren er inslôz,
230 suht von imo flôz.
den siechen hiez er ûf stân,
mit sînem bette danc gân.

Er was mennisch unt got.
alsô suoze ist sîn gebôt:
235 er lêrt uns diemôt unte site,
triuwe unte wârheit dirmite,
daz wir uns mit triuwen trageten,
unser nôt ime chlageten.
daz lêrt uns der gotes sun
240 mit worten jouch mit werchen.
mit uns er wantelôte
driu unte drîzzich jâr,
durch unser nôt daz vierde halp.
vil michel ist der sîn gewalt:
245 diu sîniu wort wâren uns der lîp.
durch unsih alle erstarb er sît,
er wart mit sînen willen
an daz crûce irhangen.

Duo habten sîne hente
250 dî veste nagelgebente,
galle unt ezzich was sin tranch:
sô lôst uns der heilant.
von sîner sîten flôz daz pluot,
des pir wir alle geheiligôt.
255 inzwischen zwên meintêtun

_____

223 suozzen.   227 prinne.   242 drizzihe.

hiengen si den gotes sun.
von holze huob sih der tôt,
von holze gevîl er, gote lop.
der tievel ginite an daz fleisc:
260 der angel was diu gotheit.
nu ist ez wol irgangen:
dâ an wart er gevangen.

Duo der unser êwart
alsô unsculdiger irslagen wart,
265 diu erda irvorht ir daz mein,
der sunne an erde nîne scein,
der umbehanc zesleiz sich al,
sînen hêrren chlagete der sal,
diu grebere tâten sih ûf,
270 die tôten stuonten dar ûz
mit ir hêrren gebote:
si irstuonten lebentich mit gote.
dî sint unser urchunde des
daz wir alle irstên ze jungest.

275 Er wart ein teil gesunterôt
ein luzel von den engelen:
ze zeichen an dem samztage
daz fleisc ruowote in demo grabe,
unt an dem dritten tage
280 duo irstuont er von dem grabe.
hinnen vuor er untôtlîch.
after tôde gab er uns den lîp,
des fleisches urstente,
himelrîche îmer ân ente.
285 nu rîcheset sîn magenchraft
uber alle sîne hantgescaft.

Daz was der hêrre der dâ chom
tinctis vestibus von Bosra,

---

265 irvorht *Haupt* = iruorbt. 267 zesleiz *Haupt* = zefleiz.
274 ze ningest. 275 Er *MSD* = Dr. 278 fleiz. 286 ube.

in pluotigem gewête
290 (durch unsih leid er nôte)
vil scône in sîner stôle
durch sînes vater êre.
vil michel was sîn magenchraft
uber alle himelisc herscaft,
295 uber dî helle ist der sîn gewalt
michel unte manicvalt:
in bechennent elliu chunne
hie in erde joch in himele.

Von der Juden slahte
300 got mit magenchrefte
diu helleslôz er al zebrach.
duo nam er dâ daz sîn was,
daz er mit sînem bluote
vil tiure chouphet hiete.
305 der fortis armatus
der chlagete duo daz sîn hûs,
duo ime der sterchore chom:
der zevuorte im sîn geroube al.
er nam imo duo elliu sînu vaz,
310 der dir ê so manegez hie in werlt besaz.

Dizze sageten uns ê
dî alten prophete.
duo Abel brâhte daz sîn lamp,
duo hiet er disses gedanc,
315 unt Abraham brâhte daz sîn chint,
duo dâhter her in disen sin,
unt Moyses hiez den slangen
in der wuostenunge hangen,
daz dî dâ lâchen nâmen
320 dî der eiterbizzig wêren:
er gehiez uns nâh den wunten
an dem crûce wârez lâchenduom.

---

299 Von *Di.* = Don. 312 pᵘphᵉe. 314 disses *MSD.* = dizzes.
318 wuostenunge *Di.* = wostetunge. 322 lachend'm.

Duo got mit sîner gewalt
slôch in egyptisce lant
325 (mit zehen blâgen er se slôch),
Moyses der vrône bote guot
er hiez slahen ein lamb.
vil tougen was der sîn gedanc:
mit des lambes plûte
230 die ture er gesegenôte,
er streich ez an daz uberture.
der slahente engel vuor dâ vure:
swâ er daz pluot ane sah,
scade dâ inne nîn gescah.

335 Daz was allez geistlîch,
daz bezeichnot christinlîchiu dinc.
der scate was in den hanten,
diu wârheit ûf gehalten.
duo daz mêre ôsterlamp
340 chom in der Juden gwalt
unt das opher mêre
lag in crûcis altâre,
duo wuoste der unser wîgant
des alten wuotrîches lant:
345 den tievel unt allez sîn here
den verswalh daz rôte toufmere.

Von dem tôde starp der tôt,
diu helle wart beroubet,
duo daz maere ôsterlamp
350 fur unsih gopheret wart:
daz gab uns frîlîche widervart
in unser alt erbelant,
beidû wege unte lant.
dar hab wir geistlîchen ganc.
355 daz tagelîche himelprôt,

---

324 slôch = slohc. 326 xp̄inlichen. 338 ûf *Di.* = us.
343 wîgant *Haupt* = viât. 347 Von *Di.* = Don. 353 beidû
Bartsch = du.

der gotes prunno ist daz pluot:
swâ daz stuont an dem uberture,
der slahente engel vuor dâ fure.

Spiritalis Israel
360 nu scouwe wider dîn erbe,
want du irlôset bist
de jugo Pharaonis.
der unser alte vîant
der wert uns daz selbe lant,
365 er wil uns gerne getaren:
den wec scul wir mit wîge varen.
der unser herzoge ist sô guot:
ub uns ne gezwîvelet daz muot
(vil michel ist der sîn gewalt),
370 mit im besizze wir diu lant.

O crux benedicta,
aller holze besziste,
an dir wart gevangen
der gir Leviathan.
375 lîp sint dîn este, wante wir
den lîb irnereten an dir.
jâ truogen dîn este
dî burde himelisce.
an dich flôz daz frône pluot,
380 dîn wuocher ist sûzze unte guot,
dâ der mîte irlôset ist
manchun allez daz der ist.

Trehtîn du uns gehieze
daz du wâr verlîzze.
385 du gewerdotest uns vore sagen:
swen du hêrre wurdest irhaben
von der erde an daz crûce,
du unsich zugest zuoze dir.

---

357 swâ *Di.* = sw. 359 Israel *Di.* = isrl'. 375 lîp sint dîn
este *Di.* = liep dieneste. 383 f. dů. 388 unsihic. zugest
zweimal.

dîn martere ist irvollet:
390 nu lêste hêrre dîniu wort,
    nu ziuch du chunich himelisc
    unser herze dar dâ du bist,
    daz wir di dîne dînestman
    von dir ne sîn gesceiden.

395 O crux salvatoris,
    du unser segelgerte bist.
    disiu werlt elliu ist daz meri,
    mîn trehtîn segel unte vere,
    diu rehten werch unser segelseil,
400 diu rihtent uns dî vart heim.
    der segel de ist der wâre geloube,
    der hilfet uns der zuo wole.
    der heilige âtem ist der wint,
    der vuoret unsih an den rehten sint.
405 himelrîche ist unser heimuot,
    da sculen wir lenten, gote lob.

    Unser urlôse ist getân:
    des lobe wir got vater al
    unt loben es ouch den sînen sun
410 pro nobis crucifixum,
    der dir mennisce wolte sîn:
    unser urteile diu ist sîn.
    daz dritte ist der heilige âtem,
    der scol uns ouch genâden.
415 wir gelouben daz dî namen drî
    ein wâriu gotheit sî.
    alsô unsich vindet der tôt,
    sô wirt uns gelônet.
    dâ wir den lîp nâmen,
420 dar widere scul wir. Amen.

---

390 dîniu *MSD.* = dine. 393 dîne dînestman *MSD.* = di
dinest man. 396 dû. 400 diu *MSD.* = dl. 402 uns der zuo
wole *Di.* = uns der wole zuo. 407 Anser. 414 uns *MSD.*
= *fehlt.* 417 vindet *Di.* = *fehlt.* 418 wirt *Di.* = wir.

II. Summa Theologiae.

  1 Got, vater êwich, ist daz angengi
    allir gûten dingin,
    der gibundin hât den diuval,
    des mâncraft wonit ubir al:
  5 sû ist obini dû dinc richtinti,
    undin ûf habinti,
    innin is sû sî irvullinti,
    ûzzin umbivâhinti.
    dar an ist unvirwandilheit
10 ân unmûzzi undi ân arbeit.

    Ein gotiscrapht in drîn ginennidin
    daz ist ouch gilâzzin den sêlin
    dî sî habint insamint ungischeidin:
    rât, gihugidi mid dim willin.
15 disi drî ginennidi
    sint immir insamint woninti.
    dî ginâdi uns got dô virlîz,
    dô er unsich sîn âdim in blîs.
    dannin birin wir an der sêli
20 mid giloubin daz (êrlichi) gotes bilidi.

    Got voribimeinti in disin zwei dingin
    al sîn lob vuri-bringin,
    daz er sî giwaltic undi gût:
    von den zwein er allû wundir dûd.
25 er ist kunic keysir alwaltic
    undi vatir woliwillic,
    zi dû daz wir in hinnin
    beide vorchtin unde minnin,
    daz wir ouch von disin dingin
30 immir mugin sagin undi singin.

---

3 diuval *Di.* = diuuil.   10 âni arbeit.   11 craspht. ginendinin.
21 disin *MSD.* = disi.   27 in *fehlt*, inin *MSD.*

Got alwaltig woltí irougin
sîni crefti vili dougin.
dû sîn wîsheit was dir rât
mit dem er ellû dinc giworcht hât.
35 er was meistir undi wercman,
sîn gizûch was vil lussam.
er hîz werdin vuirîn eingili,
geisti hêri joch vil edili:
woli gizam den edilin
40 daz sî alli vrî wêrin,
daz sî mêrri wunni habitin,
ob sin vrîlîchin lobitin.

Der eingil allir hêrist under in,
Lûcifer giheizzin,
45 der was als ein insigili
nach demo vrôni bilidi.
sîni hêrschaf gigebin ime durch gût,
dî kêriter alli in ubirmût:
er chot wolti sizzin nordin,
50 sîn ebinsêzzi des hôhistin.
durh daz was er virstôzzin
mit den volginti imo ginôzzin.

Dô wart des nîdis vatir Lûcifer
ein eingil abitrunniger.
55 voni der hôbi givîl er sô nidiri
daz er nimmir kumit widiri,
wand er virlorin hât den willin
zallin gûtin dingin.
dô dî gûtin engili al
60 ani sâhin den sînin val,
ziri hêrrin sî sich habitin,
vorchlîchi sin lobitin:
durch daz wart in gigebin

---

33 dû *C. Hofmann* = der. 43 in *MSD* = den. 46 vrôni
MSD = norni. 56 er nimmir kumit *Di.* u. *MSD* = er immir
ni kumin. 60 ani *MSD* = an.

daz sîmir sulin insamint goti lebin.

65 Der selbo der dir wîsi unde almechtig ist,
samfti irvulter disin gibrist:
er gischûf zi der selbin heimi
Adam ûzzir demo leimin.
dâ was er arzit der wîsi,
70 daz wir bistûntin in paradŷsi,
wanti ienir nôz zi der ubili
dî sîni hêrin edili.
got irwac dô dur ebindûri
dî unsir brôdi erdi widir dem vûri.

75 Al des dir mennischi bidorfti
in vimf dagin got vori worchti.
an demo sechstin dagi worchter in,
disû werilt allû wart durch in:
er habiti in allin gischephidon
80 wunni odir bilidi odir herzindûm.
unsir chunftic ellendi
was er mit disin allin drôstinti,
daz sî unsich des irmanitin,
daz wir heim zi der mendin hugitin.

85 Von sînir êrrin gischepphidi
gab er uns misilîchi crefti:
emid demo steini
gab er uns gimeini herti der beini,
mid poumi grûnin
90 der negili chîmin,
mid demo grasi daz vachsi
daz iz selbi wachsi,
dî sinni mit den vlîgintin

---

71 zi der *MSD* = zi inder. 73 dur *Wackernagel* = dir. 78
disû *MSD* = dis. allû *MSD* = al ir. 80 bilidi *Di.* = bilihi.
85 sînir êrrin = dir êrrin *MSD* = unsir herrin. 88 gimeini
W. Müller = gimanidi *ohne darauffolgenden Reimpunkt.* 89
grûnin *MSD* = grunni. 91 mit demo grasi *Müllenhoff* =
fehlt. daz = den. *Ist* vahsi *kollectivbildung ohne* ge-?

swimmintin undi cresintin,
95 mit der eingili bidrachti
dî gûti von der ubulin schîdinti.

Von den anigengin vîrin
got wolti den mennischin zîrin:
er gammi von dem vûri
100 gisûni vili dûri,
von den luftin hôhirin
daz er mag gihôrin,
von den nidirin daz er gistinckin mag,
von dem wazziri gismag.
105 der hendi unde der vûzzi birûridi
gilîzzer imo von der erdi.
er gischûf in ûffrecht, daz er ûf sehi,
dâ midi sî wir gischeidin von dem vehi

Dô wart zi stunt mit dem êristin man
110 suslîch gidingi gitân,
daz er ein einwîg rungi
mid demo giboti vur mankunni,
ob er den sigi irwurbi,
daz der mennischi nimmir irsturbi:
115 wanti der unsir chempho dô giweich,
leidir er unsich alli bisweich.

Der engili minni undi gotis huldi
virluri wir durch disi sculdi.
der tûvil wart ubir unsich giwaltig,
120 wir wârin zwischilis dôdis schuldig.
sît chom zi der sûni unde zi dem giwegidi
sun gotis, barn der magidi:
er nam von uns dî dôticheit
unde gab uns dî gotheit,
125 want er dir inzwischin woldi wesin
von des dôdi wir alli sulin genesin.

---

96 der = den. 99 dem = den. 101. 2 *Conrad Hofmann* =
von den hohirin luftin gihorin. 107 uffriecht. 116 bi suech.
117 minni *Piper, Collation Zs. f. dt. Phil.* 20, 481. minne *Di.*
120 zwischilis *Di.* = szuschilis. 121 der *MSD* = den.

Dô der eingil durh sîn ubirmût givîl,
ubir den gotis andin wart er weibil:
Adam zî dem giwalti gihôrti.
130 gnâdi gotis sît daz zistôrti:
der magidi sun wolti sînin ginannin
voni des vîantis giwalti giwinnin.
ani imo zi vil biginit er, dô mûser widir gebin
daz er ê von schuldin mochti habin.

135 Adam der andir wolti sînin ginnanin
von rechti widir giwinnin:
er was von sundin reini,
er drat dî torculin altirseini.
dô âchti der vîant dî meinnischeit
140 dâ dir middi was virborgin dû gotheit.
daz chordir vrumiter irhangin,
mit dem angili wart er givangin.
Crist gab sîni unschuldi vir unsir schuldi,
tiuri choufter unsich widir zi der huldi.

145 Got wolti daz crûci in vîr spaltin,
disi werilt alli gihaltin:
dô wart er unschuldig irhangin,
er habiti vîr enti dirri werilti bivangin,
daz er sîni irwelitin alli zi imo zugi,
150 swenn er den vîant bitrugi.
durch des ellentin scalchis nôt
leit der gotis sun hônlîchin dôt.
des dôdis craft er dô irstarbti,
mid demo lîb er sîni holdin widir giarbti.

155 Adam inslîf, sîn sîti wart ingunnin,
Evun wart dannin bigunnin:
beinis vesti wîb von dem man giwan,
mit des vleischis brôdi wart der wechsil gitân.
invart ouch in sîtin dû archa was
160 in der manchunni ginas.

---

142 giwangin. 144 choufter *Di.* = chouf er. 152 dôt = dodn.
155 Evûn *MSD* = euim. 158 wart = war.

unsir heili was vrû bidâcht,
Crist in crûzi joch in douffi hât sî brâcht,
von des wundin wir birin giheilôt,
der uns zi vesti mit brôdi wart virdeilôt.

165 Drû des heiligin crûcis ort
sint des giloubin drû wort:
dar undir ist daz vîrdi
der drîir ein gimeiniu redi.
der vrûnti minnin undi der vîanti
170 breitôti dî virdenitin hendi,
an den sol ûfrecht irstân
swer mid goti wil volhertan.
zi himili gidingi ob houbit ist:
daz inthebit al dîn dougini gnâdi, Crist.

175 Swer sô wolli Cristis wegi volgi,
der dragi sus sînin galgin,
an dem er allin sînin willin
von ubilin werchin mugi gistillin,
sîn selbes werdin ungiwaltig,
180 goti gihôrsam undi êhaltig:
wil er dan alsô volstân
âni rûm durch den gotis willan,
sô hât er den geistlîchi gibilidôt
der unsculdig durch in wart gicrûcigôt.

185 Dû gotis minni ist ein kunigin
undir allin dugintin:
dî sulin leitin vorchti unde zuvirsicht
vuri dî gotis selbis anisicht.
vorchti voni helli dînit in scalkis wîs,
190 gidingi des erbis in sunis wîs.
swenni sî dî minni volbringint
unzi sî got irkennunt:

---

161 heili *MSD* = heil. 167 undir *MSD* = undin. vîrdi *Di.* = undi. 168 drîir *MSD* = drun. gimeiniu *Di.* = gimeinlu. 172 uol hertin. 181 volstân: willan *MSD* = uol sten: willin. 185 Dev. 187 dî *Di.* = du. 191 dî minni *Di.* = dininni.

âni vorchti bistêt dar inni
mit dem vatir in sunis wîs dû minni.

195 Got der dû minni ist hât uns offin gitân,
wî wir dî minni sulin hân.
er giscûf an uns dû gilit alli
ein andir dîninti.
dû gilit dû dir sint âni di êri,
200 der bidurfi wir mêri:
nuni mugin di ougin virwîzzin
dî nidiri den vûzzin.
alsus biri wir undir uns gilegin,
wî wir brûdirlîchi sulin insamint lebin.

205 Wanti got al mag unde al gût wili,
von dan wart der dingi so vili:
swî sî unsich dunkin mislîch,
zi demo gotis lobi sint salli gilîch.
ist zwêwir lîbi middilanc
210 obini gnâdi, undini gidwanc,
drowit uns zi der helli ellû dû giscaft
dû dir ist scarf undi darihaft:
swaz dir ist sempfti undi wunniclîch,
daz dînot al deme gidingi indaz himelrîch.

215 Der vîant an den gotis vîantin
richit den gotis antin:
sînis undankis dînôt er.
gotis holdin mit vorchtin âchtit er:
er ni mag nîmannin bivellin,
220 wâr mid sîn selbis willin.
unsir erdi ist er nâch schîbinti,
dî gnâdi gotis ûf zîhinti.
alsô mûzzer goti dînon,
imo sellin zi wîzzi mêrit er unsir lôn.

---

194 dû = dev. 195 *ebenso.* 200 bidurfi *Di.* = bidursi. 201
virwîzzin = uirwizzi. 202 vûzzin *Haupt* = nuzzin. 218 âchtit
MSD = machit. 219 nîmannin *Haupt* = nin. annin. 224
sellin *Assim.* ?

225 Nach unsir vordirin valli
virvlûchit wart dû erdi imidalli.
daz wazzir habiti got in rûchi,
er gischîd iz von dem vlûchi:
unsich wolter voni den meinin
230 an dir douffi gireinin.
dî erdi giwûsc dû sinvlût,
dî undi giwîhiti der heilant unde sîn blût,
daz gimischit von sînir sîtin ran,
mit dem er unsich irlôsti undi heim giwan.

235 Crist unsir gîsil dur unsich in grabi lag
zwô nacht unde einin dag.
sînis einin dôdis . . . .
. . . . nacht,
in des êri man drîstunt bisouffit
240 den man rechti gidoffit.
dâ sulin wir werdin
sîn ebinbilidi ûf erdin.
jû der vordirin ingultin wir,
der vursprechintin giloubin ginîzzin wir.

245 Houbit ist irstantin der cristinheit,
des dû gilit alli habint undirscheid.
er ni wil vurdir nich irsterbin,
voni dû sô ni mag zwischiligû douffi werdin.
der dû gnâd ist, der hât avir bigunnin
250 unsirmo herzin einis brunnin,
der mag unsich alli gireinin,
ob wir dî sundi lûttirlîchi weinin.
der dir lônit sîn selbis gebi,
der wil îgilîch sîn gilit bringin daz iz in ein lebi.

255 Got selbi lêrti unsich chûschi undi dîmût,

---

227 in rûchi *Di.* = unruchi.   229 unsich wolter *Di.* = *fehlt* =
er wolti unsich *MSD*.   236 zwô = zuv̊.   237 f. dodis nacht
ohne Lücke; sowol Di. als MSD machen unsichere Vorschläge.
242 ebenbilidi ûf erdin *Di.* = ebin bi. = ebinbilidi und erbin
MSD.

gidult undi wesin widir ubili gût
undi vremidiz leit irbarmen,
lêrin dî dumbin, helfin den armen,
dî wârheit bischirmin, ungerne swerigen,
260 virmîden dû lastir joch werigen,
vestin giloubin habi joch gidingi
zi der cristinlîchin minni,
gotis wort gihôrin als imo gizemi,
so wir in bitin, daz ouch er unsich virnemi.

265 Swî wir givallin, sô sol iz unsich rûwin
undi suli wir goti vili wol gitrûwin,
der Davidin deti lobisam
sît er Uriam virrît dem er sînin chonin nam,
der demo scâcheri sîninₙmeindât virlîz
270 und imo daz himilrîchi gihîz,
sô lang och der gotis drîi stunt virlouginoti,
ist nu dî himilsluzzili draginti.
ûzzir der aschin irlûtiriti er unsich alsô daz glas,
des gnâdi was daz Paulus undi Maria ginas.

275 Gotis brût dû sêli adilvrouwi,
vorchti dû der iri dûwi.
der lîchami ist der sêli chamerwîb:
er mag iri virlîsin den êwigin lîb.
dû sêli sol iri selbir râti,
280 alliz gût der dûw gibîti.
sû sol irsterbi der dûwi kint
(daz des lîchamin ubilû werch sint),
undi sol edilû kint giwinnin,
dî sû zi demo gotis erbi mugi bringin.

285 Der dir ist beidû got undi mennischi,
der gibit urstendi zwischiligi:
dî sêli lêt er von den sundin irstân

---

262 minni *Di.* = minini.   267 deti = dedthi.   284 dî = zdi.
erbi = erbe *B* = erdi *A. Die andern unwichtigen Lesarten
von B — s. MSD Anm. zu Str. 27.*

joch vil lûtirlîchi rûwi hân.
voni grabi irstênt noch luiti vîr slachti
290 an der jungistin wachti.
zi der urtêli ni chumint di wirsistin
dî dir sint vor virdeiliti.
dî durchnachtigin sulin irdeilin
dî dir sint der zwêir meddimin.

295 Dû gotis urtêl ist hî dougin,
zi demo sûntagi ist sû offin.
manigin villit got mit sêri,
daz er sich zi demo gûti kêri:
ob er sich dan bezziri ni welli,
300 daz er in vor geriwi zi der helli.
zi jungist in offinimo zorni
dî heliwin scheidit er von demo chorni:
dâ sihit ein îgilîchir nâch sîn selbis wizintheit
an demo gotis suni imo selbimo lîb odir leit.

305 Sâligin dî zi der zesiwin sint
immir gotis kint!
den vatir êrit dâ zi himili der sun
mid den er hât hî in erdi giwunnun.
insamint in drinchit er den wîn,
310 zeichin der èwigin mendin.
mid din engilin sint sî undôtlich,
mid in erbint sî dâ daz himilrîch.
got ist ir lîb, râwa unde minni,
alsô daz lîcht ist der ougin wunni.

315 Hêrro, dî dir dînint, ist daz rîchi:
wî mugin wir dir gilôni?
dû dir nidir ginigi ûf zi hevini den man
der von sundin was givallan.
dû dir wesin woltis unsir ginôz,

---

294 zwêir *MSD* = zeuir.   303 sîn *Di.* = sen.   304 suni *MSD* = *fehlt.*   307 êrit *Di.* = crit. *Jedoch nach Piper, Zs. f. dt. Phil. 20, 481* crit *in der hs.*   318 gi uallin.   319 unsir ginôz *Di.* = *fehlt.*

320 dragint unsir burdin sô grôz.
    nû hâstu, hêrro, dînin milten rât
    allin dînin holdîn zi vrowidi brâcht,
    daz dih, unsir irlôseri, alliz daz lobi
    swaz dir ist undir deme himili joch dar obi.

III. Lob Salomons.

  1 Inclita lux mundi,
    dû dir habis in dînir kundi
    erdin undi lufti
    unde alli himilkrefti,
  5 du sendi mir zi mundi,
    daz ich eddilichin deil mûzzi kundi
    dî gebi vili scôni,
    dî du dêti Salomôni,
    dî manicfaltin wîsheit:
10 ubir dich mendit dû kristinheit.

    Salomon Davidis sun was,
    dû rîchi er sît nâch imo bisaz.
    durh sînis vatir sculdi
    gond imo got sînir huldi:
15 er sprach, daz er gebiti
    swedir sô er wolti,
    rîchtûm odir wîsheit.
    durch dî sîni vrumichheit
    er gihôhit in sô werdi
20 ubir alli, dî dir wârin an dir erdi.

    Der hêrro sich bidâchti,

---

321 dînin milten rât *Haupt* = diniu ilten rat.   323 dih *Di.*
= diz.
   7 vili *MSD* = uoli.

zi goti er kêriti:
'hêrro, du weist vil wol,
wî michil lût ich biwarin sol.
25 dû machi mich sô wîsi,
daz ich richti sô dir gilîchi.
wil du mir den wîstum gebin,
sô mag ich immir êrhafti lebin:
daz ist dir allir meisti list,
30 sô giwinnich swaz mir lîb ist'.

Dû stimmi sprach dannin
zi demo kuninclichen manni:
'nu dû virkorn hâst den richtûm
und griffi an den wîstûm,
35 nû wil ich dich mêrin
mid michilin êrin:
ich machi dînin giwalt
wît undi manincfalt,
daz man dînin gilîchin
40 ni mag finden in allin disin rîchin'.

David ein duirir wîgant,
der alli sîni nôt ubirwant,
der bigondi alsô werdi
allir êrist hêr in erdi
45 goti ein hûs zimmirôn:
des giwanner michilin lôn.
daz volworhti sit Salomôn,
er zîrit iz mit michilin êron,
manigir slachti wunnin
50 demo himilischen kunigi zi minnin.

Ein hêrro hîz Heronimus
(sîn scripft zelit uns sus),
der heti ein michil wundir

---

23 f. *Di.* = herro du uil woli weist al wi michil leuth ich bi
warin sol.   33 dû virkorn *Haupt* = do mir kor.   35 dich
MSD = dir.   48 michilin êron *Bartsch* = mich . . . . **manigir.**
50 minin.   53 heti = heit = hât *Di.*

ûzzir einim bûchi vundin,
55 ûzzir archely,
(daz habint noch di krîchi),
wî in Hiersalem giscach
michilis wundiris gimach.
ein wurm wûchs dar inni,
60 der irdranc alli di brunni
dî dir in der burch wârin.
di cisternin wurdin lêri:
des chômin dî luiti
in eini vil starchi nôti.

65 Salmon der was rîchi,
er ded sô wîslîchi,
er hîz daz luit zu gân,
eini cisternam vullan
meddis undi wînis,
70 dis allir bezzistin lîdis,
dô er iz alliz ûz gitranc,
ich weiz er in slâffinti bant.
daz was ein michil gotis kraft,
daz imo der wurm zû sprach.
75 der vreissami drachi,
zi Salmoni sprach er:
'hêrro, nû virlâ mich,
sô biwîsin ich dich
einir vili michilin êrin
80 zi dînim munstêri:
dû wurchist iz in ênim jâri,
wil dû mirz giloubin
daz dû snîdis mînû bant,
vil manigir klâftirin lanc.'

85 Salomon sprach dô
vil wîslichin dir zû:
'nû sagi mirz vil schîri,
odir ich heizzi dich virlîsi.'

---

der wurm sprach imo zû:
90 'ein tîr gât in Libanô,
   daz heiz du dir giwinni.
   di âdirin bringi,
   (ich sage dir rechti wî dû dû),
   dâr ûz werchi eini snûr,
95 dû wirt scarf undi was,
   dû snîdit als ein scarsachs
   ûffi den marmilstein:
   vil ebini mûzzer inzwei,
   swî sô dir lîb ist.'
100 der kunic vrowit sich des.

Salomon was rîchi,
   er det so wîslîchi:
   er hîz imo snîdin dû bant
   und virbot imo dû lant,
105 dô vûr er zi waldi
   mid allin sînin holdin.
   er vant daz dîr in Lᵛbanô:
   zi steti jagit erz dô.
   dô jagit erz alli
110 drî tagi volli.
   dô er daz dîr dô giwan,
   dô was er ein vrô man.
   er hîz imo giwinnin
   dî âdirin bringin.
115 von dû wart daz hûs zi Hiersalem
   giworcht âni alliz îsin.

Dô was daz hûs rîchi
   giworcht mid michilin vlîzzi.
   di wenti wârin marmilstein vil wîz,
120 daz himiliz undi der estirich.
   dâr inni hangitin scôni

---

93 dû *Di.* = *fehlt.* 94 suuir. 96 scarsach si. 108 jagit *MSD*
= *Lücke für 5 Buchstaben.* 117 Do was daz hûs rîchi *MSD*
= *Lücke für 4 Buchstaben az Lücke für 7 Buchstaben.*

dî guldînin krônin.
dâ was inni lux undi claritas,
sûzzi stanc, suâvitas.
125 daz was alsô lussam
sô iz demo himilischin kunigi woli gizam.

Dû lagil undi dû hantvaz,
dû vîole undi dû lichtwaz,
dû rouchvaz undi dû cherzistal:
130 daz rôti golt was iz al.
daz bivalch man den êwartin,
dî dir got vorchtin,
dî dir dagis undi nachtis
plâgin gotis ammichtis.
135 daz wart alsô gordinôt
alsiz der wîsi Salomon gibôt.

Ein kunigin chom sundir
zi Salmoni durch wundir:
dû brâchti michilin scaz,
140 thŷmiâma undi ôpes,
des edilin gisteinis
grôzzis undi kleinis.
sû was ein vrowi vil rîch,
iri gebi was vil kuniclîch.

145 Dû bûch zelint uns vili giwis:
in sînim hovi worchti man einin disc
mid silbirin stollin.
den disc trûgin si alli,
in allin vîrin sî in ûf hûbin,
150 vur den kunic sî in trûgin.
dâr obi goumit er scôno:
daz holz kom von Lybanô.
demo der wîstûm sî kleini,

---

129 cherzistal *Haupt* = cherzital.   141 gistenis.   148 salli.
149 sin.

der virnemi waz dû zali meini.

155 In sînim hovi was vil michil zuclit,
dâ was inni allis gûtis ginucht.
sîn rîchtûm imo vil woli schein:
sîn stûl was gût helphinbein,
woli gidrêit und irgrabin,
160 mid dim goldi was er bislagin.
sechs grâdi gîngin dir zû.
zwelf gummin dînôtin imo dû.
drû thûsint manigêri,
dî giwîst er alli mid sînir lêri.

165 Sîn dînist daz was vesti:
sô min demo kunigi solti gebin sîn ezzin,
dî scuzzilin undi nepphi,
dî woli gisteinitin chophi,
daz was alliz guldîn.
170 si achden sînen huldin,
(nihênis dînistmannis niwart min), dînotin gizoginlîchi,
alsô gibôt Salomon dir rîchi.

Sîn dînist daz was vesti:
sô der kunic solti gân zi resti,
175 sechzic irwelitir qnechti
dî mûsin sîn girechti.
der helidi îgilîch
drûc sîn swert umbi sich,
dî dir in soltin biwachtin
180 zi îglîchin nachtin.
von similîchir ginôzschaf
vil michil was sîn hêrschaf.

Dô chom dû gotis stimmi
zi demo kuniclichin manni:
185 der wîstûm imo zû vlôz,

---

162 gummirdino. t ima.   163 drû *MSD* = dû·   168 chopin.
180 ichlichin.

er ni wissi an dir erdi sînin ginôz,
der imo gilîch wâri
in sînir vrambâri.
alliz an imo gizîrit was,
190 in Hinrsalem militâris potestas.

Dô sûz rechti virnam,
vil harti sû sîn irchom:
sû sprach 'woli dich kunic Salomônen,
in dîmo hovi ist vil schôni.
195 vil sêlic sint dû kint,
dû dir in dînimo dînisti sint.
dînis wîstûmis hân ich irvundin
mêr danni mir îman mochti irkundin.
kunic, nû wis gisundi:
200 ich wil heim zi landi.'

Salmon der was hêri,
er hîz vur tragin gebi vil mêri
des edilin gisteinis,
grôzzis undi kleinis.
205 mid allin êrin hîzzer sî sâ biwarin,
er lî sî vrôlîchin von imo varin.
vil minniclîchi sû von imo irwant,
er vrumit si ubir daz meri in iri lant.

Der kunic bizeichinot den got,
210 der disi werilt hât gibilidôt,
in des giwalt alliz das stât,
daz daz gistirni umbi gât.
imo dînint vil vrô
VIII chôri der eingilo:
215 dî lobint in mid allir macht.
in sîmo hovi ni wirt nimmir nacht,
dâ ist inni daz êwigi licht,
des ni wirt hini vurdir ziganc nicht.

---

188 urambairi. 193 Salomônen *Bartsch* = salomon. 202 meiri.
205 s *fehlt.* 214 eingilo *MSD* = cingili.

Dû kunigin, sô ich iz virnemin kan,
220 bizeichinôt ecclesiam.
    dû sol wesin sîn brût,
    di minnit er dougin und ubirlût:
    ich wêni simo gimehilôt sî
    in communionem domini.
225 dû sol imo gilîchin
    in dugintin rîchlîchi,
    ave sol giberin dû kint,
    dû dir gotis erbin ginennit sint.

Dî dînistmin, sô ich iz virnemin kan,
230 bizeichnont bischoflîchi man,
    dî dînont imo in plichti.
    daz lût soltin si birichti,
    si soltin lêri dî kristinheit
    trûwi undi wârheit,
235 mid werchin irvullin
    daz si demo lûti vori zellin.
    si sulin vur den vrôni disc
    goti bringin hostiam laudis.

Bî Salmonis zîtin
240 was sulich vridi undir din lûtin,
    swelich enti dir man wolti varin,
    niheinis urlougis wart man giwari:
    dî heriverti wârin stilli.
    dô dagitin dî helidi snelli.
245 niheinis urlougis wart nîni giphacht,
    man ni stillit iz alliz mid sînir kraft,
    alsiz got selbi gibôt.
    dô rîchsôti rex pacificus.

Salomon der was hêri:
250 sîn rîchtûm was vil mêri.

---

222 vninnit. 228 gotis erbin *Zupitza* = got selbi. 229. ich
Di. = sich. 230 bizeichnont *MSD* = bizeichnot. 231 *MSD*
= dinunt im plichti. 232 si *Di.* = *fehlt.* 235 irvullin *Di.* =
ir uillin. 245 nîni *MSD* = man.

der des himilis walti
undi daz lût suli bihalti,
der rûchi uns di gnâdi zi gebin
daz wir immir insamint imo lebin,
255 daz wir schînin in sîmo hovi
mid michilimo lobi,
daz wir in mûzzin gisên
in der himilischin Hiersalêm.

IV. Nabuchodonosor.

1 Ê got giborin wurdi,
dô wîlt er aller dirri werihi.
daz lût was heidin
undi was doch undirscheidin.
5 dar undir wârin
dî dir von goti lârin:
daz wârin dî hêrrin
dî gûtin Israhêlin.
ein andir si sagitin,
10 alsô si gilesin habitin,
daz got wêri uffi demo himili
sam giwaltig sami hi nidini.

Ein kunic hîz Nabuchodonosor,
den rîchin got den virkôs er,
15 sînû abgot er worchti
âni gotis vorchti,
êni sûl guldîn
widir demo himilischin kunigi.
dô sprach ûzzir der sûli
20 daz dieki was ungihuiri:
si wântin daz iz wâri

---

der ir heilêri,
si irvultin alli sîn gibôt,
si giloubtin vil vasti an dû abgot.

25 Dô luitin simo zisamini
mid trumbin joch mid cymbilin,
mid phigilin undi swegilbeinin,
mid rottin undi mid lŷrin,
mid pfîffin undi mit sambûcin.
30 sô lobitin si den grimmin
mid sô gitânimo gilûti,
sô bigingin si sîni zîti.

Dar kômin drî hêrrin
dî dir goti lîb wârin:
35 der eini hîz Sydrac,
dir andir Misac,
dir dritti Abdenagô.
voni goti bridigôtin sin dô,
den heidinkunic woltin si bichêrin:
40 er ni wolti si niwicht hôrin.

Der kuninc hîz dô wirchin
einin ovin êrinin:
den hîzzer drî dagi êddin,
dû drû kint zi demo ovini leiddin,
45 ob min in daz fûr nanti,
daz si ir got irchantin,
ob si daz fuir sâhin,
daz si sînin got jâhin.
dû drû kint sprâchin vor deim vûri:
50 ʻdînû abgot sint ungihuiri.
wir giloubin ani den Crist
der gischûf alliz daz dir ist,

---

29 sambuce. *Darnach so bigingin, Lücke für etwa 16 Buch-stabn,* mid cimbilin: *MSD zu Str.* 3, 6.   32. zîti *Di. =* zi.
35 Sydrac = Sadrach.   36 Mîsac = misahel *hs. =* Mesach.
37 Abdenagô = Abed-Nego *Daniel* 3, 12.   40. erini.

der dir hîz werdin
den himil joch dî erdin:
55 sîn ist al der ertrinc,   [ein drugidinc.'
kunic Nabochodonosor, dinû abgot sint ungihuiri

Der kunic hîz du heidini gên zi samini,
dragin dû drû kint zi dem ovini:
wî ubili sis ginuzzin
60 dî sin den ovin schuzzin!
daz fuir slûg in ingegini,
iz virbɪanti der heidini eini michil menigi.
got mid sînir giwalt
machit in den ovin kalt.
65 dî ûzzirin brunnin,
dî innirin sungin:
dô sungin si dar inni
dû sûzzirin stimmi,
dô sungin sin dem ovini
70 'gloria tibi, domine!
deus meus, laudamus te,'
sî lobitin Crist in dem ovini.

Alsô dî heidini daz gisâhin,
vil harti si zwîvilôtin:
75 alsô harti sô si getorstin,
sô lobitin si den vurstin,
si sprâchin daz unsir got wêri
ein vil gût helphêri,
daz er mid sînir giwalt
80 machit in den ovin kalt
undi er mid sîmo drôsti
dû drû kint alsô sampfti irlôsti.

Der kunic Nabuchodonosor undi sînû abgot
wurdin beidû zi Babylonia gilastirôt.
85 ein herzogi hîz Holoferni,

---

64 ouim. 68 dû *Paul* = mid *MSD* = di. 69 den. 81 dorosti.
84 beidû zi *Di.* = beid . . . . 85 Ein kuninc hîz Holoferni
MSD holofern.

der streit widir goti gerni:
er hîz dî alliri wirsistin man
sînin siti lernan,
daz sî wârin nîdic
90 undi nîminni gnâdich,
noch ûzzir iri mundi
nîman nicheini gûti redi vundi,
nicheini gûti antwurti,
ni wâri mid iri scarphin swerti,
95 wazzir undi vûri
machin vili diuri,
undi sich swer dir ebrêschin icht kan,
daz iri nîbilibi lebendic nîman.
daz was dir argisti lîb:
100 sît slûg in Judith ein wîb.

Oloferni dô giwan
ein heri michil undi vreissam
an der selbin stunt,
der heidin manic tuisunt.
105 er reit verri hini westir
durch dû gotis lastir,
dâ bisazzir eini búrch (dû) hêzzit Bathania:
dâ slûg in dû schôni Juditha.

Dô sazzer drumbi, daz is wâr,
110 mêr danni ein jâr,
daz er mid sînin gnechtin
alli dagi gî zi deri burc vechtin.
dî drinni wârin,
des hungiris nâch irchâmin:
115 dî dir vori sâzzin,
dî spîsi gari gâzzin.

Dô sprach Oloferni,

---

88 lernin. 92 nicheini *Di.* = ruch heini. 94 ni *fehlt.* 95
Wazzir. vûri (vuore) *MSD* = uur. 98 inbilibin. 101 *MSD*
= Do gi wan oloferni. 104 thuisint. 107 bisazzit. 114 irchomen.
117 Dô *MSD* = do *klein.* olofern.

dî burc habit er gerni,
'nu hât mich michil wundir,
120 daz habitich gerni irvundin,
ani wen disi burgêri jêhin
odir an wen si sich helphi virsêhin
odir wer in helphi dingi:
si sint nâch an dem endi.'

125 Dô sprach der burcgrâvi:
'swîgint, Oloferni,
wir giloubin an den Crist,
der dir gischûf alliz daz dir ist,
der dir hîz werdin
130 den himil joch dî erdin:
sîn ist al der ertrinc,
kuninc Nabuchodonosor, dinû abgot sint ein drugidinc.

Dô sprach abir einir
der selben burgeri:
135 'nu giwin uns eini vrist, biscof Bebilîn:
ob iz ûwiri gnâdi megin sîn,
ir giwinnit uns eini vrist,
sô lanc sô undir drin tagin ist,
ob unsich got durch sîni gûti
140 lôsi uzzir dirri nôti.
ni lôser unsich nicht danni,
in dirri burc dingi swer sô dir welli.'

Dô gided dû gûti Judithi
dû zi goti wol digiti:
145 sû hîzzir machin ein bat.
ziwâri sagich û daz:
sû was diz allir schônis wîb.
sû zîrte woli den ir lîb.
sû undi ir wîb Âvi,
150 dî gîngin zi wâri

---

141 ni *MSD* = nu. 143 iudith. 147 allic. 148 sû zirte woli
Di. = *Lücke.* 149 f. ir wîb Avi, dî gingin *Di.* = *Lücke.*

ûzzir der burgi
undir dî heidinischi menigi.

Dô sprach Oloferni,
dî burc habit er gerni:
155 'ich gisihi ein wîb lussam
dort ingegin mir gân:
mir ni werdi daz schôni wîb,
ich virlûsi den lîb.
nu dar, kamirâri,
160 ir machit mirz bigâhin,
daz ich ginîti mînis lîbis
in samint demo scônin wîbi.'

Dî kamirâri daz gihôrtin:
wî schîri si dar kêrtin!
165 dî vrouwin si ûf hûbin,
in daz gezelt si si drûgin.
dô sprach dû gûti Judithi
dû zi goti woli digiti:
'nu daz alsô wesin sol,
170 daz dû, kuninc, mich zi wîbi nemin solt,
wirt dû brûtlouft gitân,
iz vreiskint wîb undi man.
nu heiz dragin zisamini
dî spîsi also manigi.'
175 dô sprach Oloferni:
'vrouwi, daz dûn ich gerni.'

Dô hîz min dragin zisamini
dî spîsi also manigi,
mit alli dî spîsi dû in demo hero was,
180 zi wâri sagin ich û daz.
dô schancti dû gûti Judithi
dû zi goti woli digiti,
sû undi iri wîb Âvi,

155—160 *umgestellt MSD* = 159. 160. 155—158. 159 nu dar
MSD = er hîz di. *Di.* = *Lücke.* 160 bigâhin *MSD* = biwarin
Di. = *Lücke.* 167 iudith. 173 zasamini. 176 urouy. 181
iudith. 183 ava.

    dî schanctin wol zi wâri,
185 der zenti saz ûffin der banc,
    der hetti din wîn an dir hant.
    dô dranc Holoferni,
    dî burc dî habit· er gerni:
    durch des wîbis klûgi
190 er wart des wînis mûdi.

    Den kunic drûc min slâffin,
    Judith dû stal im daz wâffin.
    dô gî sû vallin an diz gras,
    sû betti als ir was,
195 sû sprach: 'nu hilf mir, alwaltintir got,
    der mir zi lebini gibot,
    daz ich dis armin giloubigin
    irlôsi von den heidinin.'

    Dô irbarmôtiz doch
200 den alwaltintin got:
    dô santer ein eingil voni himili
    der kuntiz deri vrouwin hî nidini:
    'nu stant ûf, du gûti Judithi
    dû zi goti woli digiti,
205 unde geinc dir zi demo gizelti
    dâ daz swert sî giborgin.
    du heiz dîn wîb Âvin
    vur daz betti gâhin,
    ob er ûf welli,
210 daz sû in eddewaz âvelli.
    du zûhiz wîglichi
    undi slâ baltlîchi,
    du slâ Holoferni
    daz houbit von dem bûchi,
215 du lâ ligin den satin bûch,
    daz houbit stôz in ginin stûch

---

189 klûgi *fehlt, in MSD ergänzt.* 190 nwinis. 210 in eddewaz
Di. = meddewaz. 211 wîglichi *MSD* = wiblichi. 212 baltlîchi
C. Hofmann = slabranihichi = vrabillîchi *MSD.* 216 stuchin
= slûch *MSD.*

undi genc widir zi der burgi:
dir gibûtit got voni himili
daz du irlôsis dî israhêlischin menigi.'

V. Auslegung des Vaterunsers.

Selb diu gotes wîshait
diu durch uns nam die meneschait,
diu lêrt uns minne unt vorhte
mit pilede joch mit worten.
5 er ist hêrro unde got:
wirchen sculin wir sîn gebot.
er ist vater, wir die chint:
wie suoze dise namen sint.
wir sculn in furhten unte minnen
10 mit sunilîchen dingen.
mit ten zwain wir genesen,
sô wir singen unte lesen.

Ein gebet er uns selbe brâhte
des dâ vor nîmen gedâhte:
15 iz ist pater noster genamet.
iz pigrîfet allez daz insamet
mit churzlîchen worten
des menske ie bedorfte
ze disses lîbes friste
20 joch zer êwigen geniste.
dâ sint inne siben bete,
sibene sint ouch der gebe
des hêligen gaistes
des unserin êwartes unt maisters.

---

217 zi *MSD* = in. hurgi. 3 vorthen. 9 furhten *B* = .. men
A. 13 Ein = Sîn *Mone*. 18 mennisch *B*. 20 unde ze der *B*.
21 bete *B* = gebet *A*. 22 *fehlt in B*. 24 wartes maisters *A*,
ewartes meisteres *B*.

25 Diu vorhte des oberisten gotes
daz ist diu gebe zaller vorderest.
diu guote mit ter verwizzenhaite
diu chan sich wole braiten,
mit ter sterche der rât:
30 urmâr ist der siu samet hât.
mit der vernunste der wîstuom,
âne dei wir rehtes nîne tuon:
mit disen siben virtutibus
sô scul wir sûlin unser hûs.
35 diz sint dei siben cherzestal,
die erlûhtent uns den gotes sal.

Sô wir lesen an der ê
die got sante den Juden ê,
die dwanch tes wîzes forhte
40 als ir ubele des pedorfte,
alsô der magezoge tuot
des chindes getelôsez muot:
swâ sie missegiengen,
den scaden sie sâ enphiengen.
45 ir hêrro was sô vorhtlîch,
ir vorhte was sô sorclîch.
diu gnâda temperet nu daz reht,
ze sune ist worden der chneht,
vater ist der ê hêrro was:
50 sô begagenet im misericordia et caritas.

Nu wir einen vater haben,
nu sculn wir denchen ane den namen.
welle wir haizen sîniu chint,
wir muozen biliden sîniu dinch,

---

26 ... derist B.   27 verwizzenhait.   29 sterche B = sterch
A.   30 urmâr MSD = ûr vorist.   32 dei B = die A.   33
disenen sibenen A = siben B.   36 erlouhtent uns B = uns
luthen A.   41 alsô B = alse A.   42 getelôsez = getel.....
A = ...teloses B.   43 swâ B = so.... A.   46 sorclîch =
s....lich.   48 der chneht MSD = d.....êt A = daz reht B.
50 begegenet B./ miscda A = miser...B.   51 einen B =
ein A.

55 mit sunelîchen dingen
des vater erbe gewinnen,
unseren bruoder, der sîn chint ist,
minnen sam uns tete Crist,
der durch sîner bruoder nôt
60 lait den scantlîchen tôt.
fliesen wir die minne,
wie geturren wir den pater noster gesingen?

Sô quît diu bete allêrist:
'vater, du der in den himelen bist,
65 gehêligit werde der name dîn',
dâ wir getoufet inne sîn,
vone Christo Christiani,
daz wir der sunte gestên sam âne,
sô wir ze dem êrsten wâren,
70 dô uns dir chint gebâren
diu genâde unter dîn gaist.
des versehen wir uns danne aller maist,
sô wir restên von der erde
unte anderstunt widerborn werden.

75 Sâlich sint die fridasamen,
die êrent wol des vater namen.
die wellent hie sunlîche leben:
daz muoz diu gotes vorhte geben.
die sorgent zuo dem suontage,
80 si suonent sich hie unze si magen,
si ne opherent deme vater nieht,
unz sie dem bruodere sculn ieht.
die vorhten David habete,
dô er sînen vîant sô sparate:
85 er wainôte den Saulis tôt.
der in sô ofte brâht in nôt.

55 *B* = mit sunelich minnen *A.*   62 den pater gesingen *B*
= pat. n. singen *A.*   63 allêrist *B* = alle erist *A.*   69 ze dem
B = zem *A.*   72 uns danne *B* = dan *A.*   74 werden *Mone*
= *fehlt.*   81 sine opherent *B* = si nophernt *A.*   84 dô er
B = duor *A.*   86 der in *B* = der *A.*

Sô pitte wir tagilîche:
'hêrro, zuo chome dîn rîche',
daz denne muoz ergên,
90 sô wir von der erde erstên.
sô der tiufel unde sîn lit
alsô gar werdent verniht,
sô ne vehtent in den brusten
die tugende mit ten âchusten,
95 sô werden wir lûttir unde raine:
sô rîchist er in uns aine,
sô wirt der vîante gewalt
ze sînem vuozscamele gezalt.

Sâlige die daz rîche mainent
100 unte ir herze dâzuo rainent,
daz si stîgent ûf mit gote
nâch dem vrônem gebote:
die bescouwent noch die gothait
mit der gebe der gnâdichait,
105 si bisizent noch daz rîche
dar si chlophent tagilîche.
des digite alsô ofte zuo ze gote
Moyses der getriuwe bote,
daz er got selben muose gesehen:
110 des mahte hie nieht gescehen.

Sô stêt an der tritten stete
ein sô vil nôtlîchiu bete:
'dîn wille hie in erde
sam dâ in himele werde'
115 daz wir in erde dir gehengen
same die himiliscen engele,

---

89 denne A = danne B. 90 erde B = erde noch A. 95 sô
MSD = fehlt AB. werden wir B = wir werden A. raine
MSD = rain A. 97 wirt B = fehlt A. 98 gezalt B = gezat
A. 101 daz si B = da si A. super montem uff A. 103 be-
schouwent B = scowent A. 108 getriuwe MSD = getrui.
109 gesehen A = sehi B. 113 114 ... hie in erde. sam da
... B = werde din wille sam in himile. sam in herde A.
115 in MSD = fehlt AB.

die nieht des ne wellent
des dich, hêrre, mug erbelgen,
unter unser hêriscer geist
120 sô dâ bî daz diulîche flaisch,
daz siu baidiu sament ne gerent
des tu sie nieht sculist weren.

Sâlic die der barmherze sint,
vile wole irgênt den ir dinch:
125 an den scol disiu bete irgên.
ir sêle ist hie mit got irstên
von der sunde slafhaite
mit gebe der verwizzenhaite.
si erstarbend gire des fleisces,
130 si erchukkent werch des gaistes,
si erringent den Jacobis segen,
si erarnent daz sie got gesehent.
irslahent si des flaisces craft,
sô werdent si sâ sigehaft.

135 Dar nâch gern wir ane got:
'hêrre, gib uns unser tagilîch prôt,
daz tagilîche gib uns hiute.'
vernement wole waz daz tiute.
er ist selbe der engele prôt,
140 sîn ist ouch der sêle sô nôt:
der lîp vertwelt ânez prôt,
same tuot diu sêle âne got.
daz wizet daz er selbe ist,
deist der sêle wegewist,
145 unte diu suoze gotes lêre
diu ist dritte labe der sêle.

---

119 unter *A* = daz tet *B*. herisc *B* = heriscar *A*.   120 sô
dâ bî *MSD* = so dobe.   122 weren *MSD* = wern.   124
irgênt *MSD* = irgen.   132 erarn ... *B* = garnent *A*. gesehent
MSD = gesent.   133 irslahent *B* = gehelzent *A*. craft =
crast.   136 hêrre *MSD* = ... re *B* = *fehlt A*.   137 taliche.
140 der *Mone* = de.   141 vertwelt *B* = vertivvelt *A*.   145
suoze *MSD* = suoz.   146 diu *A* = daz *B*.

In drî wîs mainen wir daz prôt.
sâlige die des hie hungerôt:
si begrabent mit gote den alten man,
150 den niuwen wâtent sie sich an.
daz prôt gît uns sterche
zallen guoten werchen:
wider demo gotes worte
sô ne craftent niht die helleborte.
155 dise gebe Ysaac habete,
dô er sich zer martyre garete.
er wolte selbe der ophervriscinch wesen:
mit dem scâphe geruoht sîn got verwesen.

Wir tuon mit gote ein gedinge
160 daz uns sô sêre twinget.
wir queden: 'vergib uns unser sculde
daz wir chomen ze dîner hulde,
sami wir allen den vergeben
die uns der sculde vergebent.'
165 der sînem scolen nieht vergibit,
wie unsâlîche er gedigit!
der laitet uber sich den gotes zorn,
der hât die toufe gar verlorn.
sînem bruodir ni wil erz claine niht vergeben,
170 demo hêrren muoz erz grôze wider geben.

Sâlic ist der dir disen rât
von der gotes gnâda hât,
ze vergebenne daz man im vergebe:
daz ist tiu funfte gotes gebe
175 daz sîn crûce treit der nâch gebote,

---

147 In drî *B* = . . . ri *A*. meinen *B* = mani *A*. 150 wâtent
MSD = waten. 153 wider *A* = uor *B*. worte *MSD* = wart.
156 garete *MSD* = garte. 161 wir queden *A* = herre *B*.
162 dîner *A* = dinen *B*. 165 scolen *A* = gescholn *B*. 166
unsalichlichen *A* = . . . aeliche *B*. er gedigit *B* = er disses
digit *A*. 167 der *B* = er *A*. 169 sînem bruodir = . . nem
bruodir *B* = demo gnoz *A*. ni wil erz claine *A* = wil er *B*.
170 erz *A* = er *B*. 171 dir disen *A* = sîn *B*. 175 daz
MSD = . . .

die martir lîdet er mit gote,
er weinet iegelîches val,
er betet widir demo âhtesal.
sô better guote Abraham
180 umbe den chunich Abimelech, der ime die chonen nam,
er chlagete der verworhten burge flor,
er gewegit in gerne dâ vore.

Diu bechorunge ist sô manichslaht,
einiu guot, dander tarahaft.
185 diu guote irliutteret daz muot
sam daz golt der eiteoven tuot:
si clopphet an den stâtigin man,
er clinget same der ganze haven.
diu abir vone demo tiufel vert,
190 der sich dere mit gote nieht irwert,
alsez plî verbrinnet:
von dem hamer er gar zespringet.
der hamer ist der verwâzen:
deme scolt unser hêrre uns niuht lâzen.

195 Die senften sâliclîche lebent
die des strites niene phlegent.
ir ougen die sint einvalt,
ze der tûben sint sie gezalt
diu obe der Christes touf erscain:
200 der toufe gît sie noch daz hail,
si brâhte ein olezwî ouch ê
in die arche demo guoten Noe.
si scol laiten unser vernunst
in die gaistlîchen chunst,
205 swie uns der tievil bechore,
daz ir uns nien verlaitte zem flore.

178 widir $B =$ al wider A.   181 chlagete $MSD =$ chlatete.
flor $A =$ verlor B.   183 manichslaht $MSD =$ manichslalt.
184 einiu $MSD =$ eine.   189 abir $B =$ aver *nach* tiufel A.
192 von dem $B =$ voneme A.   193 ist der $B =$ ist A.   194
uns $B = $ *fehlt* A.   198 ze de. $B =$ zer A.   199 obe der B
$=$ in A.   205 tievil $B =$ viant A.   206 daz ir $B =$ de ir A.

An disses gebetes ende,
sô wir denchen in diz ellende,
sô wir ane sehen den val
210 vone demo rîche in daz zârital,
wir sprechen: 'hêrre in himile,
irlôs uns von demo ubile.'
wir mainen alle die wênichait,
sorge, nôt unde aribait
215 untes vîantes âhtisal,
dei uns brâhte Adames val.
dar zuo sîn wir geborn:
sô freislîch was ter gotes zorn.

Wie sâlich die gotes armen sint,
220 want ir dei himilrîche sint!
die tuot der wâre wîstuom
vermanen der werlte rîchtuom.
des wîstuomes unser vater wielt,
sô lang er gotes gebot bihielt.
225 dô er strebete ubir sich,
dô verderbte er unsich.
verscelket hât uns der alte man,
gevrîen muoz uns der niuwe man.
ni wâre got nieht geborn,
230 wir muosen alle wesen verlorn.

Dirre siben bete drî zêrist,
die sint aller hêrist.
si gerent der durnahtichaite
zer drîvalten gothaite.
235 der gedinge wir zem suontage,
wante wir si hie haben ne magen.
die viere die dâ nâch stênt,

---

207 An *B* = . n *A*. = In *Mone*. disses *A* = ditsses *B*. 208
an daz *B* = in diz *A*. 212 demo *A* = allem *B*. irlous. 214
aribete. 223 wîstuomes *MSD* = wistuom. 225 f. *fehlt in A*
ganz. dô er strebete *MSD* = ... bete *B*. 226 dô verderbte
er *MSD* = do . . . . *B*. 227 hât *B* = her *A*.

trôstent disses lîbes ellent,
dem uns der scephâre hât geben
240 von anegengin vieren, sô wir lesen.
der wer uns danne ze genâden
der unser suoze vater. AMEN.

VI. Von der Siebenzahl.

Dô Johannes der bote was versant
sô verre in des meres sant,
duo iroffenete ime diu gotes craft
dei wunter alsô manichslaht:
5 er sach ein buoch dâ gescriben,
bisigilit waiz mit insigilen siben,
daz niemen torste insigilen
in erde noch in himele,
ê daz gotes lamb irslagen wart
10 daz irstênte ein lewe wart.
daz hâte siben ougen,
daz eroffente uns dise gotes tougen.

Hie mit sigilin wir unser brust
wider die siben âchust
15 die gotes gaist hât vertribene
mit sînen geben siben
disiu . . . zal ist sô hêre,
swie der tiufel daz verchêre,
der chwît daz der gelogen habe,
20 der dir von siben iuwecht gesage.
sô vîent ist er dirre zale:

---

238 ellente *A* = ... t *B*. 239 dem *B* = den *A*. 240 von
anegenge sô ... *B*. 241 danne ze genâden *B* = danna wir
se naman *A*. 242 .... nesen. Amen. *B*. 3 crast. 4 ma-
nichslat. 10 irstuente. leowe. 17 disiu *MSD* = dise *Lücke
für einige Buchstaben*. 19 gelongen.

si verjaget in ûzem gotes sale
vor ôstrin in siben scrutiniis
mit sam manigen sacramentis.

25 In dirre sibene gewage
segenôte got dem sibenten tage.
in sehsen habeter vure brâht
sîniu werch sô manichslaht:
er ruowôt in dem selbem tage,
30 in demo slîf er sît inme grabe.
sehs alter wert uns dirre lîb:
inme sibenten rastet man joch wîb.
daz sint sibene sune Jobes,
zwir sibene jâr Jacobes
35 in den er verdienôte zwai wîb:
daz bezaichenet unsern zwiscen lîb.

Dô diu siben horn chlungen,
dâ mit wart Jericho gewunnen;
si giengen drumbe siben stunt:
40 dô vîl diu mûre sâ zestunt.
diu burch was dû haidenscaft,
dî ervaht des hêren gaistes craft:
er blîs ir zuo mit sînen geben,
si muose wantelen ir leben.
45 der boten lêr si umbegienc,
mit zaichene wuntere si si fienc.
daz sint engele siben
von den apokalissis hât gescriben.

Alsô der wîssage chwît,
50 bigriphen sculen siben wîb
einen man alle gemaine
(vernemet war er daz maine),
daz sîn sibene christenheit eine:
daz wâren siben ougen naime steine

---

28 manichslat. 31 wert *MSD* = went. 36 bezachienet. 39
giengen *MSD* = gien. 40 mǒre. 42 dier vath. 44 ir *MSD* =
zir. 45 leir. 47 sibene. 50 sculen *MSD* = sculen ein man.
51 alle gemaine *MSD* = allgemaine. 54 naime *MSD* = na eim.

55 unde siben liehtvaz,
   sô uns zelt der hêrre Zacharias,
   unde dei siben liehtsternen
   in der zeswen des hêrren
   unde siben horn des lambes,
60 dannen scrîbit sanctus Johannes.

   Sô hî bevore die Israhelitae
   begiengen ir ôsterlîche zîte,
   si dultens alle siben tage:
   chûskes mazzes danne gevage
65 sie âzzen alle brôt unrhaben.
   si ne ·scolden ubili niuht haben:
   diu ubele sûret daz muot
   same der hevele den taic tuot.
   wilder lattuoch was och ire maz:
70 der riuwe bittere zaicte daz.
   îmer an dem sibinten jâre
   dô was wîleu jâr der râwe,
   sô rastet erde joch der phluoc:
   si hâten alle sus genuoc.
75 after siben stunt siben jâren
   wî frô danne arme unte rîche wâren!
   der gechoufte scalc gie frîlîche heim,
   dô ne was ubiral getwanc nihein.
   jubileus hiez daz wunnejâr:
80 iz zaicte die wunne die wir hân
   in gedinge nâh der gotes urstente
   in hente nâh disses lîbes ente.

   Nu bitten wir den vater der gnâden
   daz er unser ruoch ze gnâden,
85 der Petre zem êrist tete chunt
   daz er vergeben scolt sibenzec siben stunt.
   hêrre, du der unser nôt waist,

---

56 zelt *MSD* = zel.   61 Sô *MSD* = Dô *Mone* = . o, *da die
Initialen fehlen (s. Einl.).*   bovere.   71 emer = Jemer *MSD*
„Raum für den Anfangsbuchstaben weggelassen, welcher bei den
übrigen Strophen frei gelassen ist?"*   77 gechofte.   frieliche.
84 unser = uns *MSD* = fehlt.   86 sibenzet.
4*

sent uns dînen sibenvalten gaist,
der unser muot gewîse
90 ze bittene daz dir gerîse.
in des crefte sô ist der gewalt
ze verlâzen die sunde manichvalt,
der die riuwigen Marien trôste
dôr sie von den siben tiufelen lôste.

VII. Beschreibung des himmlischen Jerusalems.

---

1 Nu sule wir beginnen
mit tîfen gesinnen
ein rede dûten jouch bestên
von dere himeliscen Jerusalêm,
5 diu gezimberet ist den reinen
ûz den lemtigen steinen,
die Johannes sah der gotes trût
nider stîgen sam eine brût
von den himelen zû der erde:
10 gezîret was sî werde.
der die himele habet besezen,
die erde umbemezzen,
die regenes trophen gezelet,
zû sînme dîneste erwelt
15 die engele darinne:
in sînes namen minne
sô beginne wir dises liedes.
vile harte vorhte ih mir des,
daz etelîche scelten:
20 von den himelen rede wir selten.

Ze dûten ist uns spâhe,

---

90 gerîse *MSD* = gtrise.   94 loiste.   8 buth.   11 habet *Di.* = habe.   17 dices.

waz Johannes sâhe.
Domicius habet in versant
in ein ellentez lant,
25 in eine îselen, diu heizet Pathmos:
dâ leid er arbeite grôz.
eines suntages vrû
der gotes engel chom ime zû;
er hûb in ûf scône,
30 die selben burch vrône
hîz er in scouwen:
der rede scul wir zouwen.
menigiu wunder er dâ sah,
die er ze nîmenne redete noh ne sprah.

35 Daz was Johannes ewangelista,
der uber die gotes bruste
vile sûze linete unze er inslîf:
sîn gesinne wâren tîf.
Pathmos in der insula
40 ein bûh screb er dâ,
geheizen Apocalipsis,
in den himelen was er wîs.
got verlêh ime den sin:
die burech screb er darin,
45 den namen sah er dar obe stân
der himeliscen Jerusalêm
mit guldîn bûchstaben
an der porte wol ergraben.

Daz pûch saget uns ze dûte
50 von der hôhe unte von der wîte
unte von der lenge unte von der breite
allez sô gereite.
diu burch ist gewerchet vieregge,
ze unteriste XII legge,
55 an der gruntveste

---

43 verlêh *Di* = uerlih. 50 wîte *Di.* = winte. 52 gerete. 53
vieregge *Löbner (Diss. über die Hochzeit, S. 45)* = *fehlt.*

aller steine beste.
dâ gênt în XII porte,
an îgelîchem orte
der selben porte doh trî,
60 apostolorum nomina et agni.

Die selben XII porte alle
sint si lûtere christallen.
an der ôsteren porte stânt doh drî:
got bezeichenet uns dâ pî,
65 swelehe von chindes peine
sint lûter unde reine,
den werdent dî porte ensperret,
dannen uns der sunne erschînet unde errinnet.
in sunderen porten stânt doch drî:
70 bezeichenet ist uns dâ pî,
swelehe in al tugente
sint ze gote hugente,
den werdent dî porte ûfgetân,
dannan wir die wirmen unte den sumer haben.
75 hin norderet stânt porte doch drî:
bezeichenet ist uns dâ pî,
swenne der mennische wirt alt,
aller sîn lîp ist im chalt,
ze den chreften ime gebristet,
80 alliu sîn tugente erlischent,
daz alter in begrîfet,
diu jugent dannân slîfet.
wil er danoch gote dînen,
er mach sih verwânen,
85 ime werden dî porten ûfgetân,
dannen wir den winter unde den vrost haben.
hine westeret stânt porte doch drî:
bezeichenet ist uns dâ pî,
swer sîne sunde
90 spart an den ente,

---

60 aplôr noiă. 69 In. 78 leip. 81 begrîfet = bekrîfet *Di.*
= befrîfet. 84 verwenen.

daz er nemach leben mêre,
riuwent sî in danoch sêre,
ime werdent dî porte ensperret,
dannen uns des lîhtes unte des tages zerinnet.

95 Swî wir sô mennischlîchen
chomen in gotes rîche,
wir sculen îdoch samet pûen.
dî sâligen hevent sih vile vrû
unde warnent sih wole zû,
100 vile manige leider spâte:
dî bedurfen arzâte
zir hineverte,
ir wege dî sint herte
unde magen îdoch vil wol genesen;
105 hart belanget siu dâ ze wesen
in deme hellewîze,
ê man dî porte enslîze.

Nu bir wir wir gevorderet
sunderet unde norderet,
110 ôsteret uude westeret,
jâ scol îdoch gephlasteret
diu selbe burch mit uns sîn.
der winchelstain ist mîn trehtin,
der dî zuwâ wente
115 besliuzet an dem ente.
diu wunder diu sint manecslaht:
dâ nist vinster noh diu naht,
diu mâninne noh der sunne
ne scînet dar inne
120 noh der tagesterne.
dâ ist diu lucerne
der himelchunic aine.
daz edele gestaine
lûhtet sam iz perinne.

_____

95 mislîchen? _Paul._ 97 _reimlos. Di. schlägt vor:_ unde dî
vrônen burc scouwen. 121 dâ ist _Di._ = laist.

125 dî strâze dar inne
dî sint durchsoten golt,
diu buric nehein meil dolt.

An der buricmûre raine
ligint XII staine,
130 vor den anderen aller hêrist,
dî nenne wir iu aller êriste.
der aine heizet Jaspis
unde lît zaller unterist
an der geruntfeste
135 unte habet ûf daz geriuste.
zwâre sagen ich iu daz:
der ist gerûne sam ein gras.
der tiuvel dannen flûhet,
den selben stain er scûhet,
140 swâ er lît oder stât
od in der mennischi hât
in sîner gewelte,
beworht mit golde an der hente.

Nu vernemet, lîben liute,
145 waz der stein bedûte.
sîn varwe ist ime griune.
der tûvel ist sô chûne
alsam der lewo wilde,
jâ vert er ruhelente,
150 wî er uns muge verswelehen.
sô sule wir uns gote bevelehen
mit teme gelouben vile vaste:
sô lige wir zunteriste
an der geruntfeste
155 unte bezêchenen den Jaspin.
er flûhet sam man in berune.
gerûne bir wir denne:
swer sô gelouben nîne hât,
der ist durre unde tôt:

---

127 meil dolt *Di.* = meli dolet.   155 *reimlos.*   156 *unklar.*

160 der tiuvel in nîne mîdet,
wante er den gelouben nîdet.

Sô ist der ander stain sus
geheizen Saphyrus:
nâh teme himele ist er vare.
165 swenne unsich unser mût treit dare
(des enist zwîvel nechain),
sô bezaichene wir den selben stain,
dâ diu burch ist mitte gezîret,
alsô uns daz bûch lêret,
170 der himelischen Jerusalêm,
diu nîmer scol zergên
von êwen unte zêwen.

Sô ister III. stain sus
gehaizen Calcedonius:
175 der ist tunchel in deme hûs
unte schînet sô min treit ûz,
wirt er von der sunnen warm.
pistrîchit in vinger oder arm,
sô hevet er ûfwerde
180 den halem von der erde.
er enlât sich nîht ergraben,
man mûz in umbeworiht haben:
gerûret in diu fîle,
er zevert in ainer wîle
185 alsô cheleine sô daz gelas.
er ist herte unte was:
von diu sô mag er wole stên
in der himelischen Jerusalêm.

Der selbe stain pizêchinôt:
190 swer sîn herze unte sîn mût
unte alle sîne liste
ze gote chêret faste,

---

163 *Di.* = Saphyrus geheizen. 168 geceiret. 175 **haus.** **176**
min *für* **man in?**   tret. 183 fîle *Di.* = pilie.

er hilt sich sîner gûte,
flûhet ubermûte,
195 der ist tunchel inme hûs;
swenner aver chumet ûz,
sô schînent sîne guete.
swî starche er sich pehuete,
diu werlt sihit algemeine,
200 uber chûsche ist unt reine.
er dolet daz man in retôtit,
ê man in des genôtte,
daz er wantele sîn sinne.
sô bezaihenet got den sunnen,
205 von dem er dâ wirt warmer:
ûfhevet er den armen,
den suntigen von der erde
sam der stain tût dî halme.

Sô ist der IIII. stain sus
210 gehaizen Smaragdus:
in der werelte ist nîht sô grûne,
er beneme ime sîne scône.
ein lant haizit Cythiâ:
der staine vindet men dâ
215 alsô vile sô der grîze,
torste man sî nîzin.
da sint inne gerîfe.
vor froste unt vor rîfen
unt vor den starchen gerûen
220 sô lît iz unerbûen.
di vogele unreine
werent daz gesteine:
swer iz dâ wil gewinnen,
werdent si sîn innen,
225 er mûz sîn chîsen den tôt.
daz tünt tî vogele âne nôt:

---

188 pehuete *Di.* = puhuete. 202 ê man in des *Di.* = einandes.
211 neihit. 214 men *Haupt* = me. 215 grîze *Haupt* = gereize.
225 chîsen *Di.* = cheisen.

si bedurfen sîn ze nihte
in der vinstere noch in deme lîhte
unt enpunnens îdoch den liuten.
230 daz willich hernâch diuten.
sô sint einû liute dâ bî,
haizent Arimaspi,
dî wizen ire tougen.
niwâr eines ougen
235 habent si vorne an deme ende:
daz ist ir urchende.
diu liute sint sô chûne:
si nement dî staine gerûne
den vogelen mit gewalte,
240 si sint wert, daz man si wol gehalte.

Den vil gerûnnen stainen
ebenmâze wir dî ainen,
mugen si wole sunderen,
dî des gelouben sint vor den anderen.
245 nu betzêchenet daz lant calt,
dî der unterûe habent manecvalt
unte lebent âne minne.
die gerîfe dar inne,
dî bezêchenent dî tiuvele dî dâ varent
250 unte den gelouben biwarent,
daz nîmen den nîze,
swî luzel er si bûze.
diu liute mit ainem ougen,
diu bezaihenent âne lougen
255 dî der ainen got pechennent:
den gelouben si gewinnent
vor dem tîvele mit gewalte,
als ich iz iu ê von den stainen zalete.

Des nist zwîvel nehain:
260 Sardonix haizet der V. stain.
varwe hât er doch terî,

---

227 si bedurfen *Di.* = siben durfen.   241 staine.   25S eu.
261 hât *Di.* = *fehlt.*

das gediute sage wir iu der bî:
er ist untene suwarz sô daz gelas,
(ze wâre sagen ich iu daz),
265 mitten wîz sô der senê,
rôt ist er obene.
nu bezaihint diu varewe rôt
swer lîdit marter unt nôt
durch diu gotes minne,
270 diu wîze darinne,
dem lûtter ist sîn herze,
der mût ûfwerze.
daz er suwarz ist sô daz gelas,
(ze wâre sagen ich iu daz),
275 unseren vîant den tîvel
pezeichenet âne zwîvel:
vil gerne er verrâttet den man,
want er den êristen gewan
mit tem selben stricche,
280 dâ mite vellet er unsich laider alsô diche.

Nu ister VI. stain sus
gehaizen Sardius:
der ist sô rôt sô daz pelût
unt bezaihenet dî marterêre guot,
285 dî mit ir tôde
dî êwigen genâde
habent erworven umbe got,
liten hûh unte spot
unte nîd unte haz,
290 vil wole gestaten si daz.
sô lît taz hailige here
oben an der berustwere
der himelischen burege:
si habent ir sorege
295 geworfen zerucge,
dî sint unser berucge,

---

264 sagene. eu. 272 *Di.* = dem mûth tu fu werce. 273 bis
275 *ergänzt Di.* 291 hailige = allihe. here *Di.* = haere.

si sulen unsich laiten
ûz tîfen arbaiten
ze der himelisgen Jerusalêm,
300 ube wir wellen begên
dî gewonnehait dî si habeten
dî wîle, daz si lebeten.

Der VII. stain ist sus
gehaizen Crisolitus:
305 sîn varwe ist ime ainvalt
unte schînet alsô daz golt.
daz ist wunder maiste:
von ime varent ganaiste
alsô von dem brinnenten viure
310 der stain ist edele unte tiure.

Sô bezaichenet diu varewe sô daz golt:
sweme got ferlîhet ten gewalt,
daz er ist gûter liste
unde sînen ebencristen
315 stiuret unt lêret,
zû dem bezzerem chêret
mit tem selben gaiste.
daz sint tî ganaisten,
dî von deme staine springent.
320 dî dâmit ringent
unte rehte wellent leben,
den wirt diu haimût gegeben
der himeliscen Jerusalêm,
daz si dâ ze vorderiste scolen stên.

325 Sô ist der VIII. stain sus
gehaizen Perillus:
der ist sô lûter sô der berunne
sô der în scînet der sunne.
der staine ist luzel inme lante.

---

301 habeten *Haupt* = habent.   307 maist.   308 genaneist.
312 ferliet.   320 ringent *Di.* = rigent.   322 den *Di.* = der.
327 liuter.

330 ich waiz, er warmet tî hant,
    suwer in mit gedwange
    drinne hât lange.
    der bezeihenet dî rehten,
    dî erlûhtet mîn trahtin
335 mit tem sînen gaiste.
    daz lîht ist allermaiste.
    swelhe dannen gâhent
    unte sich zûze zime vâhent,
    dî werdent danne raine,
340 alsô diu hant warmet von dem staine.

    Der VIIII. stain ist sus
    gehaizen Topazius:
    varwe habet er doch zuwâ.
    daz pûch saget uns sô:
345 diu eine ist haiter unte mâre
    nâh dem himele gevare,
    diu ander lûter sô daz golt.
    dî chunege sint ime holt
    unte minnent in mêre
350 den ander zuwêne:
    sô schône nist nîht ze sehne,
    den lûten ze jehne
    al des in der werelt ist.
    jâ habet der waltunte Crist
355 sîne burch dâmit gezinnet,
    er ist wole wert, daz man in minnet.

    Nu sul wir werden inain:
    waz pezaichenet der stain
    alsô mâre?
360 ainen offenen suntâre,
    den riuwent sîne sculde
    unte er gotes hulde
    mit nôten gewinnet,
    alsô daz viur brennet

---

334 mîn *Di.* = mit.

365 ûz tem chofer daz golt.
    sô wirt ime got vil holt
    unt minnet in mêre
    den ander bescere.
    nâh dem himele ist er gevare,
370 swen in sîn mût treit dare
    alsam ê ze den sunten,
    ê in dî riuwe ervunten

    Der X. stain ist sus
    gehaizen Crisophirus:
375 purprîner varwe
    ist er begarwe.
    dâ stênt ane tophen
    sam dî golttrophen
    darane sîn gemâlôt.
380 der selbe stain bezaihenôt
    swer dize ellente leben
    umbe daz êwige hât gegeben
    unte hî lîdet martire unte nôt,
    ze aller jungest den tôt
385 chûset an dem ende.
    daz sint dî stainwente,
    dî ûfhabent dî balchen
    under allen mînes terahtines scalchen.

    Sô ist der XI. stain sus
390 gehaizen Jacingtus:
    der wandelet sîne varwe
    sô diche nâch dem himele.
    ist er trûbe oder grâ,
    dânach varwet er sich sâ.
395 dâmite zaichenet er dî,
    dî sich ferwandelent hî
    in aller selahte veraisen.
    vil diche nâh ten waisen
    den armen ist er milte,

---

372 in *Di.* = ein. 375 purpruner. 376 *Di.* = ist **erbe g&rue.**

400 den gûten gehente,
 den ubelen gedultic,
 den rîchen ainvaltec:
 swî sô diu werld tût,
 darnâch chêrent si ir mût.
405 si ne choment niht ze der winsteren,
 wir magen si wol ze den vensteren
 an dî burch scaffen.
 nu ist ir leben gaistelîch unt offen.

 Der XII. stain der ist ave sus
410 gehaizen Ametistus:
 der ist rôt sô daz plût
 unte lohet sô daz fiuer tût.
 der bezaichenet dî martirâre,
 dî gotes arnepoten wâren,
415 behalten in der minne
 (daz ist der louch darinne),
 dî in allen ir nôten
 pittent got den gûten,
 daz er ir vîanten vergebe,
420 dî in vertailent daz leben.
 des nist zwîvel nehain:
 zoberist lît der selbe stain
 an mînes trahtines purge
 unte beselûzet daz gewelbe
425 der himelischen Jerusalêm.
 zoberest mag er wole stên,
 sîn cheraft ne lât in nîht wîchen,
 nehain tugent mac sî errechen,
 dî ir vîante minnent,
430 gewisse sî hôhe brinnent
 starche under ir brusten.

 Nu scule wir dî burch mezzen,
 diu stât umbeselozzen

---

403 werld *Di.* = werd. 412 lohet *Haupt* = locheet. 414
arneboten *Di.* = arhe poten. 431 *reimlos.* 432 mezzen
Haupt = maizen.

offen in alle zît.
435 dî hôhe joch dî wîte
unte dî lenge dabî
gantz al gelîch ist sî.
bezaihenet ist uns dâ bî
der vîr stainwente doch trî.
440 zewâre sagen ich iu daz:
fides, spes, caritas,
der geloube joch diu minne,
der zûversiht darinne
rîhsenet mit gewalte,
445 dannen choment uns ander tugente manicvalte.

Nu habent ir alle wol vernomen,
wî ir in dî burch sculet chomen
unt wî irs ouch muget verwerchen,
woltent ir daz merchen.
450 swâ man aine gûte rede tût
dem tumben ummâre,
der haizet ime singen
von wertlîchen dingen
unt von der degenhaite,
455 daz endunchet in arbaite.
wir haben noch zuwaigere wege gewalt,
alsô uns der apostolus vore zalt:
der eine ist brait unt wît,
offen stât er en alle zît,
460 er trait iuch in dî helle,
ime volge, der der welle;
der ander enge unt semal,
er wîset iuch inne den sal
der sorge unt al des iu hî ze laide gescah.
465 sôn darf iuch daz ungemach
nîmer geriuwen,
daz ir hie habet en triuwen
erliten durch dî gotes ê.

---

437 gelîch ist *Haupt* = gelîht.   439 vîr stain *Di.* = nur steun.
448 verwerchen *Di.* = uerweirchen.   453 dingen *Di* = diggen.
459 alle = allen.   467 hie = hei.

sô ist ave den vile wê,
470 dî de helle mûzen bûwen.
des inscule wir gote getrûen,
der unsich erlôste dannen.
nu sît ir dem tiuvele verboten unte verbannen.
Am'en.

VIII. Vom Rechte.

1 Nieman ist sô hêre
sô daz reht zwâre,
wan got ist zewâre
ein rehtir rihtaere.
5 von diu hiez er den sînen chneht
vil starche minnen daz reht,
daz er nâch im vienge
unde sîn reht begienge,
wan mit im nemach nie man gestân,
10 er newelle daz reht hân,
wan er scheidet die unrehten
von sîn selbes chnehten.

Der reht sint vil manigiu
unde besliezzent alliu samet driu,
15 unde begiengen wir diu,
wir mohten immir genuoch haben
unde mohten mit allen êren leben.

Ein reht daz sint die treuwe
dâ wir mit schulen bouwen.

20 Ein andir reht daz ist alsô getân:
daz wir uns selben wellen haben,

---

21 daz wir *doppelt.*

daz solten wir ein andir geben,
wolden wir christenlîchen leben.

Wir solten sîn gewaere,
25 daz waere michil êre.
der diu driu reht behabet,
die wîle daz er nu lebet
unz an sînen tôt,
dem hulfe got von der nôt:
30 ez waere man oder wîp,
er gaebe im den êwigen lîp,
der dâ nimmir zergât
unde immir êwich stât.

Daz wir hie ze rechte wellen hân,
35 der ist deheiniz sô getân:
wir werfen eben alle,
swie uns gevallet,
mannichlîch swie er wil.
des ist alles zevil.
40 mannechlîch sînem vriunde gestât,
als er in geminnet hât,
bî des ieg[î]cher sînen muotwillen gechôsot:
sô stât daz reht verbôsot.
manneclîch wil reht hân
45 als sîn gewalt ist getân,
unde wil daz im selben haben
unde wilz deheinem anderen geben.
der site der sint drîe,
dâ ist rehtes niht bî.
50 dar an wellent si gestân:
von diu wirt des armen rede vil unrehte getân.
die scheident ouch zwâre
von dem rehten rihtaere.
wan swelhir den gewalt hât
55 unde er daz unrehte begât
unde erz ubir einen anderen dolot,
dâ mit hât verscholot

---

27 wîle *K.* = wi.e. 29 hulfe *K.* = ..lfe. 40 sînem = sinen.

5*

den êwigen lîp,
ez sî man oder wîp,
60 er ne welle sich es buozzen
unde welle ez gare verlâzzen,
daz er nimmir mêre getuo.
daz reht hôret dar zuo.
hât er sich verwandelot,
65 sô verchiuset ez got.
alsô mage er werden gotes chneht,
chêren abir an daz reht.

Dâ vernement algelîche:
nieman ist sô rîche,
70 er muozze den rîchtuom verlân,
unde muoz sîn âne gestân.
swie der man daz geholot,
daz got daz verdolot,
daz im sîn rîchtuom zergât,
75 daz er sîn niuweht hât,
swedir daz verbrinnet
daz der man gewinnet,
oder er wirt beroubot,
sîn rîchtuom sô getoubot,
80 swedir ez versinchet,
in dem wazzir ertrinchet,
oder sus chumet ein unheil
unde enleibet im sîn deheinen teil,
oder in begriffet der tôt:
85 sô laet er ez danne durch got.
swenne ez got niht mêre wil bewaren,
sô laet erz nôten varen:
sô geloubet er alêrste sînem chnehte.
sô rihtet got rehte,
90 wan er uns nimet unde lât
als er des gewalt hât,
beidiu lutzzil unde vil.
daz tuot er alsô diche sô er wil,
unz ez alsô ergât,
95 daz der man niuweht hât.

Sô hât der meister und der chneht
bêde samt ein reht.
ich weiz, si ensamet hin gânt,
ein routin bestânt:
100 si routent mit den armen.
daz mohte uns wol erbarmen,
daz der rîche man zergât,
daz er niht enhât.
daz sage ich iu, wie daz stât,
105 daz der rîche man zergât:
durch daz michil guot
er chêret hôhe sînen muot,
er furhtet niht den tôt,
im erbarmet niemans nôt,
110 die ubermuot er hin treit,
daz er si nidir nîne leit
unz an den tach,
daz danne chumet der gotes slach:
sô ist dehein burch sô veste
115 geworht ûzzir listen,
sine werde zerstôrot,
gare zerfuoret.
ez ist doch umbe den gotes slach sô getân:
dâ ne mach niht vor gestân,
120 sich mugen die hôhen mourin
nindir dâ vor behuotin
in deheiner veste
mit deheinem liste.

Dâ chêren avir an daz reht,
125 dâ der meistir unde der chneht
bêdesamt hin gânt
unde die routin bestânt.
die chleinen stoche si ouz nement,
unz si an den grôzzen choment.
130 des chraft ist alsô getân,
des muozzen si arbeit hân,
wellent si des beginnen,
daz si in ûz der erde bringen.

daz schulen si tuon mit ringen,
135 die dremele drin stôzzen,
den herten sweiz lâzzen.
als ez umbe den herten man stât,
der daz unreht begât:
swer den wil bechêren,
140 der muoz in rehte lêren,
er muoz in starche dwingen,
an daz reht bringen,
alsô der riutaere vil guot
dem vil grôzzen stoche tuot,
145 der in des dwinget,
daz er in von der erde bringet.
wan lieze er in dâ stân,
sô waere daz routin ungetân,
bedorfte daz erdîsen
150 nimmir dar gewîsen:
daz îsen dar in staeche,
den phluoch ez zebraeche.
alsô ez umbe den rîchen man stât,
der daz unreht begât.
155 den mach nieman bedwingen,
an dehein reht bringen,
ez ne tuo got der guote
mit etlîcher nôte
oder ez avir etwie sô chome,
160 daz er in von der christenheit neme,
daz diu christenheit gestê,
daz si nîne zergê.

Sâ chêren abir an daz reht,
dâ der meistir unde der chneht
165 bêde samt hin gânt
unde die routin bestânt.
sô ez danne zediu wirt,
daz diu routin gebirt,

145 dwinget K. = ... get. 147 wan lieze er K. = w . . . .
153 ez K. = . . 154 begât K. = . . gat. 156 dehein K. = d . . . . .

si sulen ez fuoren samet heim,
170 teilen ez alliz enzwei,
    wellent si rehte gevaren.
    si schulen sich vil wol bewaren,
    daz ir newederem werde mêre,
    wand si arnent ez bêde sêre:
175 si habent ez mit ir swaizze gewunnen,
    ez bedarf ir enwedirz dem anderem enbunnen.
    alsô getân leben
    solten wir allesamt haben.
    swer ze genâden wil chomen,
180 der sol nieman niht nemen,
    er sol ouch nieman nihts erbunnen,
    des er mit rehte hât gewunnen.
    sô sol der hêrre unde der chneht
    minnen daz selbe reht,
185 wellent si rehte gevaren.
    ieweder sol den anderen bewaren
    ubir alle sîne nôt
    unz an sînen tôt:
    sô lebent si bêde rehte.
190 die hêrren unde die chnehte,
    die vrouwen joch die diuwe,
    die schulen haben triuwe.
    wedirz ist diu vrouwe?
    daz ist diu triuwe.

195 Diu gewârheit und ouch diu triuwe,
    die gedâhten einer diuwe.
    der hêrre an daz reht
    hiez dô werden einen chneht:
    er worhte in ûzzir nihte,
200 er wohrte in zeinem êrlîchem liehte,
    daz er vor im waere
    unde im lieht baere.
    dô greif er an die ubirmuot,

---

186 sol $K =$ ... 193 vrouwe $K =$ .. ouwe. 195 ouch $K =$
.... 197 hêrre $K =$ ....e.

daz was ze niht guot:
205 der hêrre behielt daz reht.
dô verstiez er den chneht
in ein ellende,
hin in daz apgrunde.
von diu sône sol dehein vrouwe
210 gestatten ir diuwe,
daz si sie vor lâzze gân,
swie schône ir varwe sî getân,
noch der hêrre sînem chnehte.
daz chom von dem rehte,
215 daz der allir hêrist chneht
geviel an daz unreht.

Wil der hêrre unde der chneht
bêde minnen daz reht,
sô sagent diu buoch zwâre,
220 si werdent ebenhêre.
wil diu vrouwe und diu diuwe
minnen die triuwe,
sô sagent diu buoch zwâre,
si werdent ebenhêre.
225 swie wol der man sî geborn,
wil er unrehte varn,
vert er unrehte,
er hât daz reht der chnehte.
ist diu vrouwe ungetriuwe,
230 si hât daz reht der diuwe.
die schalche unde die diuwe,
minnent si die triuwe,
ir armuot sint nie sô grôz,
die werdent der hêristen genôz.
235 swer dâ minnet daz reht,
ez sî hêrre odir chneht,
der muoz ie hin fur gân,
der andir hindir im gestân.

---

231 diuwe *K.* = d . . . .

240 Nieman ist sô hêre
 sô daz reht zwâre.
 des megen wir uns wol enstân,
 swâ wir ze rehte schulen gân.
 swie harte sich der muoet,
245 der daz îsen gluoet
 unde ez danne hin treit,
 einem an die hant leit,
 ist er rehte dar chomen
 (daz hân wir diche wol vernomen),
250 daz viur in nîne brennet.
 wie wol in got erchennet,
 wie verre er dâ gelobet stât,
 der daz reht dâ begât!
 sô sint si alle betrogen,
255 die in an habent gelogen.
 swie ez dar nâch gevare,
 sô ist ir iegelîchem gare
 ein îsen alsô heiz,
 daz ir neheiner weiz,
260 reht an die hant,
 daz brennet als ein brant.
 hei wie ez dem gluot,
 der in unschuldigen muoet,
 der in des bedwinget,
265 an daz reht bringet!
 von diu sint die lugenaere
 got vil unmaere.

 Swâ diu luge in dem dorfe gât,
 daz ze dem vrumen si bestât,
270 wil er minnen daz reht,
 er heizzet swîgen sînen chneht,
 er heizzet swîgen sîniu chint
 unde alle die undir im sint,
 er heizzet swîgen sîn wîp
275 unde gebiutet ir an den lîp,

---

243 ze *K.* = ..   274 swîgen *K.* = ... en.

daz ez verror nîne chome,
daz ez iemen verneme.

Sint ouch diu laster gewaere,
daz ist michil êre,
280 daz man dâ von wente
unde nieman schente.
swer redet grôzze unde vromede schante,
daz sint unantlaezlîch sunte.

Swie wol sich der man hât bewart,
285 dâ mit hât er erbart,
daz er im selben ein urchunde tuot,
daz erne ist reht noch guot.
wan mohte sich mennischlîch ersehen,
im waere etwaz geschehen,
290 der des rede wolde hân,
daz vil ubile waere getân:
daz im vil liep waere,
daz man daz verbaere,
daz man dâ von wante
295 unde nieman schante.
von diu sint die itwîzzaere
got vil unmaere.

Mannechlîch sol hin gân,
sehen waz er selbe habe getân
30 0 unde sol sich selbe des bewarn
unde sol einen anderen verbern,
erne sagiz im durch guot.
gesach in got, der ez tuot.

Nieman ist gotes chint,
305 wan die daz reht wurchunde sint:
die anderen sint von den gesunderot.
vil ist des mich wunderot,
daz sich der chunt archman

---

niht verdenchen chan.
310 diu erge daz ist schante,
diu ist lastir und sunte.
swenne der arge man zergât,
daz er des lîbes nîne hât,
sô riuwet in sîn rîchtuom:
315 er nehât den lôn noch den ruom.
sô stât er in der helle,   [heit welle:
ez ist wundir waz der gotes sun sîn zuo der christen-
liez er in einen heiden wesen,
er mohte alsam wol genesen.
320 wan unmaezzige erge
ist gruntveste aller ubele.

Nieman ist sô hêre
sô daz reht zwâre.
der meistir ist guot,
325 der selbe guotiu werch tuot
unde den chneht sô mit heizzet varen,
der wil den tumben bewaren:
wan der meister des immir lôn hât,
swâ der chneht daz reht begât,
330 wande er immir vor vert,
der die reise dâ burt,
unde man im daz lop gît.
der bedenchet sich enzît,
daz er reht vorvare
335 unde die menege beware.
swelhir sô welle,
der vare hinze helle,
heizze sîn chnehte mit varn:
dâ sint si alle mit verlorn,
340 dâ habent si bêde unreht,
bêdiu meister unde chneht.
daz unreht ist daz leit
(ich zelle iu die wârheit),

---

316 in der K. = ... 317 zuo der K. = zuo d .. ist = *fehlt.*
318 er *fehlt.* 320 unmaezzige K. = unmaezz.... 322 ist K. = ...

     wande ez ungemehlîch enwech gât,
345 doch ez manich man hat.

     Nieman ist sô hêre,
     sô daz reht zwâre,
     wande sich got selbe vermaz,
     dô er in sînem wîstuome saz,
350 dâ er selbe saz und lêrte,
     die christenheit bechêrte:
     swâ zwêne zesamene giengen
     unde an daz reht viengen,
     daz er der dritte wolde sîn.
355 daz ist ein michil guotin
     samet in sittzen unde stân
     unde daz reht begân!
     von diu sol der man unde daz wîp
     sîn als ein lîp,
360 wande die diche samet stânt
     unde sizzent unde gânt,
     zwei samet enbette gânt,
     zwei an dem rehte gestânt.
     got mage vil wol sîn
365 undir ir beidir dechin
     der dritte geselle.
     swelhe sô welle,
     der widirrede daz:
     der chan diu buoch baz.
370 der iewedirz sol sîn zwâre
     des anderen sêle chameraere,
     als ez des rede wil hân,
     dâ si zejungist schulen erstân.

     Wande uns saget der geloube hêre unde staete,
375 der erfullet alle guotaete,
     daz wir zejungist schulen erstân
     mit dem bilede unde wir hiute hie schînich gân,

---

344 ungemaehlich. 356 samet $K.$ = s . . . t. 361 sizzent $K.$ =
izzent. 363 zwei $K.$ = . . ei. 372 *scil.* ich.

mit dem vleische unde mit dem gebeine
alle gemeine.
380 diu sêle ist daz dritte reht,
alsô worht got sînen chneht
nach sînem bilede getân
unde hiez in sîn reht hân
unde greif im an sînen lîp
385 unde hiez im werden ein wîp
ûzzir einem sînem rippe,
alsô ist diu werlt sippe.

Daz wîp chom von dem man,
si schol im sîn gehôrsam,
390 si wart genomen von sînem lîbe:
von den schulden sô gât der man noch nâch dem wîbe,
daz er si des bedwinge,
in sîne gewalt bringe.
mit wiu sol er si twingen?
395 niwan mit rehten dingen,
mit rehtir gemehelen
sô sol si sîn chone sîn.
er ist charl dâ, si ist chone,
daz ist ein vil altiu gewone.
400 daz chint daz ist daz dritte reht.
alsô hiez got sînen chneht
den wuochir bringen,
(daz chom von alten dingen),
bouwen dise wuostin.
405 daz sol des mennischen reht noch sîn,
daz erfullet werde
der himel joch diu erde.

Iz ist reht, daz der leie
eine chonen aige
410 unde er ir rehte mite vare
unde ein andir verbere.

---

396 gemaehelen. 398 charl dâ *K.* = ch . . . . . 405 sol *K.* =
so . 408 ist reht *K.* = i . . . e . t.

ez ist reht, daz daz junge wîp
vil wol ziere den ir lîp.
diu sol einen man haben,
415 dem si ir vriunde wellen geben,
unde sol dem rehte mite varn
unde sol einen andern verbern.

Wer ist der zweir meister?
daz sol sîn der briestir,
420 der sol sîn zwâre
ir vorlêraere.
der meister sol wol gezogen sîn,
er sol vil unbetrogen sîn,
er sol sîn durnehte,
425 gerne sol er werven rehte.
daz ist diu gotes êre,
daz er daz den chneht lêre.
ist der meister iht betrogen,
sô wirt der chneht ungezogen.
430 der uns dâ vor sol varen,
der sol daz unreht verbern,
daz der tumbe leige
dar nâch nîne zeige,
sô mage er mit gewalt
435 daz chortir behalten.

Swâ der abe chêret,
der die schuolaer lêret,
sô lernent unrehte
alle die chnehte.
440 er sol rehte vor varen
alsô die guoten gemaren,
die rehte zachere wellent varen.
er sol sînem gemaren gân,
als erz im selben hât getân,
445 mit einem rinde und mit einem chnehte:
daz hôret zuo dem rehte,

---

418 Wer = der.   427 den *übergeschrieben*.   442 wellent *K.*
= wellet.

daz im sîn gemare
alsô rehte mit vare.
sô newirt der hagil noch der schour
450 niht ir nâchgebour.
swaz der mare wil begân,
dâ sol er reht zuo hân:
swie geswaeslîchen er ez tuot,
dâ ist daz reht vil guot.
455 wand ez ist got wol chunt,
ê wir geruoren den munt:
rehte weiz er im den muot,
ez sî ubil odir guot.
von diu schulen wir uns bewaren,
460 daz wir vil rehte gevaren.
wan dô got pileden began
den allêrsten man,
nu sehet, welich ein wundir dâ gescach,
daz er dem jungisten undir diu ougen sach:
465 dâ mit hât er alle die vervaren,
die wurden ode noch werdent geborn.
von diu weiz er mannechlîchis list,
vil wol wie er getân ist.
hân wir dâ heime ein vaz
470 unde besliezzen wir daz,
wie mohte uns werden verseit,
swaz wir dar in hân geleit?
alsô stât ez umbe daz leben,
daz uns got hât gegeben,
475 wand erz drin hât geleit:
vor im ist niht verseit,
vor im ist niht verborgen.
dar zuo hôrent sorge,
daz wir uns wol bewarn
480 und vil rehte gevarn.

Wande mohten nu wir alle die ervarn,
die ie wurden geborn

---

447 gemare *K.* = ge . are.   451 mare wil *K.* = m . . . . il.

alle zesamene bringen,
die nemohtin got nihtes bedwingen,
485 daz er dâ mit waere,
dâ man unrehte fuore.

Swie eine daz mennisch gestât,
dâ ez daz reht begât,
ez bedarf nieman lâzzen sehen,
490 ez hât einen guoten nâchgehen:
got selbe dâ stât,
dâ ez daz reht begât,
er ez hôret, er ez sihet,
er es immir nâch gihet,
495 er sterchet ez dar zuo,
daz er daz reht getuo.
von diu sô schulen wir uns bewarn,
daz wir' vil rehte gevarn.

Wer ist des rehtes meister?
500 daz sol sîn der briestir,
der ist unsir liehtvaz,
der bezeichint daz,
daz er vor uns sol sîn
mit allerslahte guotin.
505 er sol uns lêren unde sagen,
den rehten spiegil vor tragen,
er sol uns lêren,
wie wir unsir gewaete chêren
innen von den sunten,
510 ouzzen von den schanten.
wil er briesterlîchen leben,
er sol driu reht haben:
einez ist diu guotin,
daz andir diu diemuotin,
515 daz dritte ist diu minne,
sô wirvet er mit sinnen.

---

484 nihtes *K.* = ni.tes. 493 er ez *K.* = ... 499 Wer = Der.

Ez ist reht daz der leige
den selben sit aige
sô im der briestir vor trage,
520 daz er im vil rehte nâch trage:
sô mugen si bêdesamt gân
hin fur den himilchunich stân,
der leige unde der briester.
got der ist ir meister.

525 Der reht sint noch driu,
durch nôt erlîden wir diu,
undanches ode danches.
dar an ist niht wanchis:
wir wurden eines geborn,
530 wir muozzen andirstunt vervaren,
wir muozzen drittenstunt erstân.
daz ist rehte getân.
gesach got den man,
der iegelîches verdenchen chan,
535 wie verre er dâ gelobet stât,
der daz reht begât!
in lobet der himilhêrre
selbe vil verre,
er heizzet si elliu sîniu chint,
540 die daz reht wurchunde sint,
er heizzet si varen gelîche
ze sînes vater rîche,
gewîhet joch gesegenôt:
dâ ne furchtent si den tôt,
545 dâ vindent si êwechlîch lieht,
dâ newirret in niht.
dar muozzen wir allesamt chomen,
die die touffe habent genomen,
wand wir von dem rehte chwâmen.
550 nu sprechet alle Âmen!

_____

517 der K. = ... 519 trage K. = ..age. 534 iegelîches K.
= ...... es.

_____

IX. Die Hochzeit.

1 Nu mugent ir hôren zellen
von einem hêren spelle
umbe einen chunich rîchen,
umbe manich schône zeichen,
5 dâ michil sin an stât:
gesach in got, der ez begât.

Swer diu zeichene wil begân,
der sol guoten list haben
alsô der smit vil guot
10 die wiere in daz golt tuot:
daz insigele er furbert
als erz gelernt hât,
deiz vil hêrlîchen stât
unde niht zergât.

15 Die vrouwen zieret daz golt,
von diu ist si im holt:
diu ist nie sô hêre noch sô rîche,
si treit an barer lîche
die bouge joch daz vingerlîn.
20 wie magiz ir lussamer sîn?

Siu spannet fur ir bruste
daz ist geworht mit listen,
ain guldîn gewiere,
daz ez ir den lîp ziere.
25 daz golt ir wol ane stât,
wan si schône dâ mit gât.
chumet ir danne unheil,

---

11 furbert = furblât K. 16 ist si im K. = ... m. 17 diu
ist K. = D .... 18 lîche K. = li ... 20 lussamer K. =
lus .... 22 geworht K. = ge ..... 24 lîp K. = li. 26 schône
dâ K. = sch ... d.

daz si des vliuset ein teil,
ob iz danne avir ist
30 gechomen in den mist,
sô suochet si spâte unde vruo
mit den si getrouwet dar zuo.
sô si sîn danne niht ervert,
den mist si fur die ture cheret.
35 dar undir daz golt,
dem si was holt.
si laet ez nôten varn,
sine mage ez nimmir bewarn
vor dem unreinen miste.
40 da mugent ir lernen liste
swelhir sô welle
von einem héren spelle.

Swer den wîstuom treit
unde er in nieman seit
45 unde in nieman lêret,
swâ er hin chêret:
der bezeichent daz golt, daz begraben ist
tieffe undir den mist,
daz der mist ubirgât
50 unde ez niht schînen lât.

Der man bezeichent den mist,
(wan er got leit ist),
den man fur daz hous chert.
alsô wirt er geschert
55 von der himelischen porte
mit dem gotes worte,
daz erz ie verderbet hât.
hei wie hôhe ez in gestât!

Swen got sô geêret,

---

28 si des K. = ... 30 gechomen K. = gec ... men.
37 varn K. = var. 39 unreinen K. = unr .. nen. 41 swelhir
K. = swelhi. 57 ie K. = .. 59 geêret K. = ge ... t.

60 daz er in den wîstuom gelêret,
    der schol in den zeigen,
    die sîn niene eigen,
    oder er nimtes ubir sich
    vil starchen gerich.

65 An den buochen daz geschriben stât
    wie disiu werlt zergât:
    die heimuote die wir hie hân,
    die muozzen wir verlân.
    ez wirt allez verwandelôt
70 wan diu heiligen gotes wort:
    diu muozzen elliu ergân
    als si got ievor hât getân.
    daz sî wîp oder man,
    swer diu wol vernemen chan
75 unde si gerne wil erfullen
    mit werchen joch mit willen,
    zuo dem sint si wol gewendet,
    dâ sint si niht geschendet.

80 Ôdin, prôdin, lôshait, bôshait:
    dem ist daz gotes wart leit,
    daz muoz allez samt sîn
    in der gotes âbulgin.
    tunchil ist diu gotes chraft
85 ubir alle heidenschaft,
    daz si touffe habent verchorn:
    des sint si alle verloren,
    daz si niht geloubent an got,
    daz er wart gemarterot.
90 des muozzin si sîn
    immir in der vinsterîn.

    Swer die touffe hât enpfangen,

---

60 gelêret $K.$ = ge....t. 61 in $K.$ = .. 62 niene = niuwen.
eigen $K.$ = ..gen. 64 gerich $K.$ = ..rich. 67 wir $K.$ = ..r.
69 ez = Eez. wirt $K.$ =.... 70 gotes wort $K.$ = ...
.ort. 72 ievor hât $K.$ = ie....t. 80 lôshait = losait.
84 Tunchil.

dem waere ez wol ergangen,
wolde er diu dinch begân
95 diu dâ zuo schulen gestân:
der solt haben ein reht
alsô wîlen habete ein guot chneht
unde ein êrlîch maget.
daz sol iu werden gesaget:
100 wir schulen die alten ê verberen
unde schulen die niuwen bewaren.

Diu maget unde der guote chneht,
die wurben umbe daz reht.
er ist ein vil guot chneht
105 der dâ minnet daz reht,
der ist niht guot chneht
der dâ habet unreht,
swie vil man in gelêret,
daz er sich niht bechêret:
110 der bezeichent den hunt,
der dâ wuotet,
der sîn selbes nîne huotet,
der bîzzet ie den man,
wan er andirs nîne chan,
115 wan er mit der tobesuhte winnet,
unz er den tôt gewinnet.
alsô tuont alle die dâ varent,
die des rehtes niweht warent,
die vehtent âne guote
120 mit ubirmuote.
begrîffet si alsô der tôt,
newerdent si niht gebezzerôt,
die sterbent in der tobeheit:
des choment die sêle in arbeit.
125 daz sint die rehten hellezagen,

---

101 bewaren K. = bew . ren.   102 unde der K. = und . . . .
104 ein vil K. = ei . . . .   106 der K. = d . .   109 niht be-
chêret K. = nih . . . cheret. 111 K. = de . . . . . . tet. 113 bîzzet
ie den K. = ... den. 114 chan K. = cha . 115 wan K.
= . . n.   116 er K. = . .   117 varent K. = ... nt.

daz lât iu nieman widir sagen.
er ist ein guot chneht
der dâ minnet daz reht:
der ist wol berihtet,
130 swenne er sich erfichtet
sô verre dort undere
von dem tieffen abgrunde,
swenne er sich des erwert,
daz er dar nîne vert.
135 der dar niht wirt brâht,
der habet sich wol bedâht,
der ist wîgant
widir sînen vîant,
der zaeme uns ze lobene
140 zeinem rehten degene,
der mach vrôlîchen varen
in des hêrren Abrahames baren:
dâ wirt im leben verheizzen,
des wirt er niht bestôzzen,
145 der ist mit guotem ruome
chomen ze sînem hêrtuome.

Dâ vernemet rehte wie ez gât:
in dem maeren meregarten stât
daz in daz apgrunde gât
150 ein vil hôch gebirge,
deist ein michil sorge,
ubir allez ermezzen.
daz hât ein wirt besezzen,
dâ nemach nieman ouf chomen
155 wan der den sich hât genomen
an dem alten wîgande,
dem unscrem vîande.

Dar zôch sich bî alten zîten

---

127 guot *K.* = ...   143 verheizzen *K.* = ver ... zzen.
144 wirt *K.* = w...   148 dem *K.* = den.   150 ein *K.* = ,..
152 ubir *K.* = ...   153 besezzen *K.* = be ...... 156 wigande
K. = ...nde.   158 **Dar** *K.* = Da.   sich *K.* = ...

ein hêrre mit sînen louten.
160 der hêrre lebete rehte,
der habete vil chnehte,
er lêhe in allen den rât,
des er vil guot stat hât.
sumelîch sîne hêriste chnehte,
165 die wurben niht rehte,
die rieten an sîn êre:
des enkulten si vil sêre.

Dô was undir dem gebirge
ein vil michil sorge,
170 ein tieffir charchaere,
der stuont alle wîle laere,
(des habeten entrische loute vergezzen),
der was mit wurmen besezzen:
dar undir swief der hêrre
175 sîne ungetriuwe chnehte verre.
dâ ne habeten si niht ze dem lebene
wan daz in die wurme heten ze gebene.

Daz gewurme ungehiure,
daz cholete si mit fiure:
180 von den êren si chômen,
diu fiurînen bant si nâmen.
daz meiste wundir dô geschach,
daz ie dehein man gesach:
die die wurme dâ choleten
185 unde die die martere doleten,
daz si einen anderen rieten,
daz si widir ir hêrren hulden getâten,
daz si ir hêrre verswief
in daz appgrunde tief.
190 starche rach er sînen zorn,
dâ habete er si alle verlorn.

Dô was er dô bî den zîten

---

177 in *K.* = im. 186 si *K.* = .. anderen *doppelt.* 192 bî den
K. = b . . . .

mit anderen louten,
die er haben solde,
195 unde stifte al daz er wolde.

Dô was dô ein vil schônez tal
eines lussames alsô vol:
dâ wart geboren undir der diete
ein maget guote
200 ûzzer einem vil edelen chunne,
der was gare elliu wunne
unde was gare alliu êre,
die gewan nie maget mêre:
diu, habet alle guotîn,
205 die rehten diemuotîn,
ir varwe was ir alsô lieht,
jâ ne waere nie sô êrlîches niht.
die vreischot dô der hêrre
ouf dem gebirge vil verre.

210 Dô chom im dô in sînen muot,
daz im diu maget waere guot.
dô wolde dô der guote chneht
gehîwen umbe daz reht,
daz er einen erben verliezze,
215 den nieman sînes rîches bestiezze,
der mohte sîn ein chunich âne sorgen
ubir dei telir unde ubir die berge.

Einen boten habete er algar,
ze stete sande er in dar,
220 er gert ir ze wîbe,
ze sînem lîbe.
dô ir diu botschaft wart gesaget,
dô gelobte ez diu maget,
ir vriunt guote

---

194 solde *K.* = s.... 195 unde *K.* = ... 196 ein vil schônez *K.* = ei........... 197 lussames *K.* = lustammes. 198 dâ = Do. geboren *K.* = g...... 200 einem vil *K.* = e....... 202 unde *K.* = ...

225 gerieten ez sô drâte.
dô bevestente si der guote chneht,
sô was gewonlich unde reht:
er gap ir sîn vingerlîn,
daz was rehte gemahelîn.
230 eines tages wurden si enein,
daz er si wolde holen heim.
ir vriunte guote
die habeten si mit huote,
daz si indir niwiht taete,
235 daz si an ir êren iht gemuote.
si mohten si vil lîhte bewarn,
si ne wolde doch nimmir missevaren.

Diu michele huote
umbe die maget guote
240 diu bezeichent daz mennisch guot
daz hât michil nôt
unz an sînen tôt,
daz ez sich selbe wol bewar,
daz im der vîant nindir widirvare.
245 daz erz sînes guoten willen nîne wende
unde ez an guoten werchen nîne schende.

Einen boten habte er algar,
ze stet sande er in dar
mit sîner manunge
250 fur die brout junge,
daz si niht entwâlte,
ob si dar wolte,
si vlîzzete sich ir waete,
die si ane haete,

---

225 gerieten $K. = g$....ten. 226 guote $K. = $. uote. 228 ir
sin vingerlîn $K. = $.. sîn ......l.. 230 tages $K. = $..ges.
enein $K. = e$.... 232 ir $K. = $.. 234 niwiht taete $K. = $
ni.... . aete. 236 mohten si vil $K. = $ ...ten si ..l.
237 nimmir $K. = $...... 239 die maget $K. = $... ....
240 guot $K. = $.... 243 sich selbe $K. = $......be 244 widir
$K. = $..... 245 wende $K. = $wen.. 248 dar $K. = $...
251 daz $K. = $..

255 daz si zaeme sînem liute
    vil wol zuo einer broute.
    dô ir diu botschaft wart gesaget,
    dô vlîzzet sich diu maget
    baz ir waete
260 danne si ê haete.

    Dô der tach dô wart,
    daz er solde varen an die vart
    nâch sîner schônen broute,
    dô gewan er vil liute,
265 rittere gemeite,
    vil wol breite,
    michil hereschare:
    er chom chunechlîchen dare.
    dô si dô fuoren an die vart
270 unde der liut gesamenet wart,
    dô nam er under der menigin,
    diu allertiurist solde sîn,
    die hêristen lûte
    unde sande si nâch der broute
275 unde enbôt dem wirte
    von der sînen verte,
    ob si dar wolten,
    daz si niht entwâlten.
    dô dem wirte diu botschaft dô wart gesaget,
280 dô îlte er gerwen die maget:
    er badet si mit vlîzze.
    in gewaete daz wîzze
    mit porten behangen,
    mit guldînen spangen,
285 die guldînen wiere
    fuor die maget hêre.

    Sô diu maget dâ herfur giench

---

272 die. 273 diu. 279 wirte $K.$ = wir.. dô $K.$ = d.
281 er $K.$ = e. 282 wîzze $K.$ = w.zze. 284 spangen $K.$ =
sp....en. 286 fuor = fur. 287 diu $K.$ = d..

unde si dô hêrliche enphienche.
si was geberht unde lieht.
290 man gesach nie sô hêrlîches niht.
dô stuont diu maget guote
vor allem dem liute
ân alle missetaete:
si zam wol zeiner broute.
295 die hant bot er ir dare,
er gereit ze vordirst an der schare
mit sîner schônen broute
vor allem dem liute.
dâ si fuor in der vare,
300 si louhte ubir alle die schare
als ein liehtir tagesterne:
dô leiten si si gerne.

Dô riten mit der broute
chindische loute,
305 riter gemeite,
hêrlich gereite.
hoy, wie si dô sungen,
dô si sie heim brungen!
heime wâren loute,
310 die wartôten der broute:
si enphiengen si mit râte,
mit alleme guote.
die ê dâ heime wâren,
die wirtschaft si verbâren:
315 die nuzzen si mit den gesten
mit aller slahte lusten.

Dô chômen mit der broute
heremuoede loute,
die trunchen des lîdes
320 unde ergazzeten sich alles leides.

---

288 hêrlîche *K.* = . . rl . . . . 290 man gesach *K.* = ...
291 **maget guote** *K.* = m . . . . 294 si zam *K.* = ...
295 **dare** *Bartsch* = ... 296 er gereit *K.* = ... reit. 297
sîner schônen *K.* = s . . . . 299 vare *Bartsch* = ...
301 tagesterne *K.* = ta . . . . . . ne.

dar chom des liutes ein michil chraft,
dâ was diu beste wirtschaft,
die der ie dehein man
ze sînen broutlouften gewan,
325 wande si die nuzzen,
die ir ê nîne enbizzen.

Nu sol iu werden gesaget
allêrste von der maget,
von der broute
330 unde von allem dem liute
unde von dem wirte,
der si alle dar brâhte in verte.
diu michel wirtschaft
diu bezeichent die maeren goteschraft,
335 daz got allez daz bestellet,
daz im selben gevellet
in dem himele und ouf der erde,
deiz immir wâr werde.
er hât erscheinet sîn maht
340 unde hât ez allez fur brâht.

Daz der broutegom dar chôme
unde die brout zuo im nâme,
daz bezeichent aller meiste
den heiligen geiste,
345 der in daz mennisch chumet:
dâ ez mit weinen ende genimit,
dâ mit wirt ez gelebente in got,
swenne er von im scheidet, sô lît ez tôt.
die michelen êre
350 die bezeichent noch mêre
diu hêrlichen dinch,

---

321 dar = Dar. 324 brovtlovf. en. 326 enbizzen *K.* = . nbizzen.
332 brâhte *K.* = … hte.   334 bezeichent *K.* = bezei … . t.
die maeren *K.* = … . aeren.   335 bestellet *K.* = … … . . .
336 daz im *K.* = … . m. 337 ouf der erde *K.* = … … . . de.
339 er *K.* = e. erscheinet sîn maht *K.* = ers … … … … . . t.
341 der broutegom *K.* = … … . . egom. 342 nâme *K.* = … .
343 daz *K.* = …   344 geiste *K.* = . . iste.   346 weinen *K.*
= … nen.

diu treffent an daz wênige chint,
daz diu muotir dâ gebirt
unde ez got gemahelet wirt.
355 sô bezeichent daz vingerlîn
den westerhuot sîn,
den daz chint ouffe hât,
als ez ze jungist erstât,
unde ouch diu gotes gemahlîn
360 immir êwich schulen sîn.

Daz er den boten habete algare
unde er in sô diche sande dare
mit sîner manunge
fur die brout junge,
365 daz bezeichent unsir furboten
zuo dem almahtigen gote,
daz ist der êwarte
mit dem goteswarte:
in dem chôre
370 vor dem vrône altâre
dâ ist diu sîne zunge
diu rehte manunge.
daz buoch daz dâ geschriben stât,
daz saget den rîchtuom unde den rât
375 den der broutegom hête,
als uns der bote seite.

Die vriunde zuo dem râte
daz sint die tougen guote,
wan si uns helfent bringen
380 zuo den christenlîchen dingen.

Daz si fuoren an die vart
unde der liut gesamenet wart
unde er die tiuristen loute

375 brovtegovm.   377 zuo K. = ...   379 wan si uns K. =
. . . . 380 christenlîchen dingen K. = christenli. . . . .
382 der liut gesamenet K. = d . . . . samenet.   383 tiuristen
loute K. = tiv . . . .

sande nâch der broute,
385 die bezeichent den tach,
    den uns sande der wol mach
    ubir arme unde ubir rîche
    vil harte chreftichlîche,
    dâ allez mennisch zuo dinget,
390 daz disiu werlt bringet,
    dar an erschînet ubil unde guot:
    daz tuot er allez âne nôt.
    der tach ist gemeine,
    der beschînet niemen eine.
395 dehein hêrre ist sô rîche,
    er beschîne den armen alsô minnechlîchen,
    alsô tuot der rehte unde der guote:
    der verwîzzet nieman sîne missetaete,
    der bezzerot in, swâ sô er mach.
400 der bezeichent den tach.

    Sît uns sô minnet der tach,
    der uns wol gehelfen mach,
    engegen dem schulin wir ouf stân,
    ze gotes dienste gân:
405 wir schulen daz niht lâzzen,
    wir ne bieten uns im ze fuozzen,
    dem hêrren, der dâ wol mach,
    der uns sande den tach.

    Ôsten uns zuo gât
410 aller lust unde aller rât,
    ôsten schulen diu westirbarn
    in daz himelrîch varn
    unde anderiu diu chint,
    diu got dienent sint,
415 diu des morgens choment
    unde grôzzen lôn nement.

---

385 bezeichent den tach *K.* = bezeich . . . . 387 arme
unde ubir *K.* = ... 388 chreftichlîchen. 389 allez
mennisch *K.* = a . . . . 391 dar an erschînet *K.*
= d . . . . . .schînet.

die habent sich gewarnot
allen den arnot:
swelich wetir si begât,
420 sô ist geschaffen ir rât
undir dem liute,
die sich bechêrent bî der zîte.

Westent choment die unde ....,
die sich bechêrent schône,
425 die helfent riuten
den êrren mietliuten
mit werchen joch mit worten
in dem vrône wîngarten,
die werchent schône ir dinch:
430 den gît got den phenninch
er si junch oder alte
unz er des lîbes walte.

Sô gâhent si drâte
zuo der himelischen porte,
435 die enphâhit dâ der rîche
alle gelîche.
versoumet er daz eine tor,
sô ist er immir dâ vor.

Daz sint diu vier ente,
440 dei haben wir an der hente.
die himelischen porte
die sint bewart harte.

Der ende der sint viere.
daz gesteine ist alsô hêre:
445 der steine allir iegelîch

---

420 geschaffen *K.* = .. schaffen. 422 bechêrent bî der *K.* =
beche . . . . r. 423 *Ergänzung unklar.* 424 die *K.* = ...
425 riuten *K.* = riv ... 426 den êrren *K.* = ... en.
427 mit worten *K.* = ... 429 werchent schône *K.* =
wer . . . . 431 ersî junch oder *K.* = ... er.
433 gâhent si drâte *K.* = gahe . . . . 435 dâ *K.* = ..

treit ein lieht alsô êrlîch
widir den andiren besundir,
daz ist ein michil wundir.
sô ne liuhte nie sô schône
450 der sunne noch der mâne
noch der sternen dehein
nie sô rehte enschein,
der neheines lieht
triffet her zuo niht:
455 sô die steine louhtent harte
in der himilischen porte.
alliz gemeine
lebentiz gesteine
daz louhtet dar inne:
460 dâ mit zimberot got der rîche
al sîn himilrîche.

Der estrich ist guldîn,
wie moht er êrlîcher sîn?
dar inne sizzet der magen,
465 von dem wir ie hôren sagen.
ôsteret bechêret
der uns alle hât gelêret.
von im schînet daz lieht,
jâ ne wart nie sô êrlîches niht:
470 diu wunne die er an im hât,
diu chraft diu von im gât
mit waltunder hende,
der genimet nimmir ende.
an deme wirt wol schîn,
475 daz er ein hêrre wil sîn,
der ubir alliz chraft habente,
daz ie wart lebente.
an sîner gehuhte
sint daz mer joch die lufte,

465 von *K.* = u . . 470 die er an im *K.* = d . . er a . . .
472 waltunder hende *K.* = ... de 474 deme wirt
wol *K.* = d . . . . 476 ubir alliz chraft *K.* = u . . . .
478 siner gehuhte *K.* = sin . . . . 479 sint *K.* = ...

480 elliu apgrunde
   unde daz ist dar undere.
   er phliget vinstir unde lieht,
   âne in ist niht.

   Daz alle die loute
485 gâhoten vor der broute,
   alsô solten wir alle gelîche
   gâhen vor dem selben himilrîche.
   dar mohte der rîche
   chomen im selben saelîchen,
490 wolde er die gewinne
   teilen durch die minne.
   den vrostigen solde er bewaeten,
   den hungerigen nerigen,
   er solde den siechen
495 mit sînem guote suochen,
   wîsen den blinten
   unde lêren den tumben,
   vasten die zîte
   die man im gebiete,
500 die vîere begân
   die dar zuo schulen gestân,
   sînen zehenten willichlîchen geben,
   er selbe christenlîchen leben,
   der werlde guotes gunnen.
505 deheinen meineit sol er swerigen,
   daz unreht sol er werigen,
   diu gotes hous sol er zieren,
   den êwarten êren,
   der uns diu gotes wart sol lêren.
510 dâ mite mugen die rîchen alle
   chomen in die êwigen stalle.

   Wande hie teilte ein houshêrre

---

481 unde daz K. = ... 482 unde lieht K. = un ... ...
483 âne in K. = ... 485 vor der K. = ... 487 vor
dem K. = u ... ... 504 *Reimlos*, nieman nihtes erbunnen *er-
gänzt Löbner*. 511 stalle K. = ... lle.

sînen rîchtuom vil verre
undir sîne chnehte,
515 die dienent im mit rehte.

(Des schazzes sint funf phunt,
der ist got wol chunt,
wand er uns in gegeben hât,
dâ unsir dinch an stât.

520 Daz êrste phunt daz wir gehôren,
daz schulen wir immir ze got chêren,
wan er ist milte unde guot
unde sîn genâde dâ mite tuot.

Daz ist daz ander phunt,
525 daz wir daz lieht hân,
daz wir die rehten wege dâ mite schulen gân,
wande er vil rehte wege gât,
der uns daz lieht verlihen hât.
an deme schulen wir uns begân,
530 daz wir vil rehte gevaren.

Daz ist daz dritte phunt,
daz wir stinchen:
des schulen wir uns wol bedenchen.
ez ist umbe die gebe so getân:
535 diu sol gewarheit hân
mit allerslahte reinîn,
sô mach si wol guot sîn.

Gân wir fur einen foulen hunt,
wir verwinten die nase joch den munt:
540 alsô schulen wir uns alle
winten von der helle,
diu stinchet wirs danne der hunt,

---

516 funf *K.* = ... f. 518 in gegeben *K.* = ... en. 520 êrste
phunt *K.* ... t. 521 immir ze got *K.* = ... t. 523 unde sîn
K. = ... 524 *reimlos? vgl. Einleitung.* ander phunt *K.* =
an ... t. 526 rehten wege *K.* = ... ge. 527 rehte wege *K.*
= ...... ge. 529 an deme *K.* = ... e. 536 reinîn *Paul*
= reinen. 542 stinchet *K.* = stinchent.

dâ vor verwinten wir den munt.
diu stenche vor der helle,
545 diu cholet uns alle.
der si beslozzen hât,
der getuo unsir rât,
der wâre gotes sun
mit sîn selbes zeswon!

550 Daz ist daz vierde phunt,
daz wir den smach hân,
wol mugen wir uns enstân,
daz man in den lîchnamen tuot,
wedir ez ist ubil ode guot,
555 wande der munt wol enstât,
welich suozze ez hât.
daz sint vier phunt,
daz ist eine schône gesunt.

Daz funfte phunt ist verlâzzen
560 an den henden unde an den fuozzen,
daz wir die wol mugen ruoren,
swar wir wellen chêren.

Mit den funf dingen
schulen wir gewinnen
565 den êwigen lîp,
ez sî man oder wîp.)

Daz sage ich iu rehte wie ez stât:
swer des guotes nîne hât,
der bette mit sînem râte
570 unde mit sînem muote
unde wurche im drâte
mit handen genôte

---

555 wande der K. = wa ... er.   558 gesunt K. = ges ...
560 henden unde K. = h ...   561 mugen vuoren K. = mu ...
563 funf dingen K. = f ....   565 lîp K. = l .....   566 ez sî
man K. = ...   567 ez stât K. = ...   568 swer K. = ...
569 sînem râte K. = sine .....   571 drâte K. = ...
572 mit K. = ...

unde habe ze got vil guoten willen
unde île den mit werchen erfullen.

575 Der tiure Paulus
der lêret uns sus,
uns râtet Ysaias,
daz wir cherigen daz hûs,
ob got dar zuo chome,
580 daz im dar inne gezeme.
wir schulen got furhten unde minnen,
so mugen wir sîn hulde gewinnen
unde volgen ouch des vil tiuren sinnes
sancti Johannis
585 unde tuon sam der edil are,
der dâ sweimunde vare:
sô in daz alter an gât,
daz er daz gevidere lât,
sô ist er alt,
590 sô ist er chalt,
er vellet in einen walt,
von dem paradîso er gât,
dâ sîn trôst gar an stât.
er gâhet zeinem brunne,
595 er badet sich dar inne,
im wehset sîn gevidere,
er vliuget hin widere
mit michiler chrefte
ouf in die lufte.
600 ê er immir chome hin widere,
im sunkit sîn gevidere,
diu ougen sint im alsô lieht,
des enhabet er ê niht.
sô habet der are edele
605 ein schônez gevidere,
schôner danne ez ê was:
der bezeichent uns daz,

573 willen K. = ... 585 Vnde. 600 immir K. = im . ir.
603 er ê niht K. = ... ê ... t. 605 schônez gevidere K. =
scho ..... re.

daz diu brout sô wol gebadet ward,
dô si vuor an die vart.
610 daz bezeichent uns alte unde junge.
sô der man gevalle
unde hie twelle,
er schol im einen hân erkoren,
der obenân sî beschoren,
615 der vil geistlîchen vare,
unde gâhe dare
unde sage im allen den rât,
den im der der getân hât,
der uns dâ gerne wil geschenten,
620 der genâden erwenten:
der chan im wol gerâten,
wie er sich dâ vor behuote.

Der bîhten der sint drîe.
einiu ist gezalt zuo dem chuphir unde zû dem blîe,
625 einiu heizzet silberîn:
daz lât die bezzeron sîn.
diu dritte ist guldîn:
daz lât die hêristen sîn.

Daz sage ich iu rehte wie ez stât:
630 der die chuphirînen bîhte da begât,
der ist in dem rîche
vil harte werltlîchen,
unz er daz guot geniuzzet
unde den lîp vervliuzzet,
635 daz er durch got nîne gît,
biz er bî dem bettebret gelît.
sô sendet er vil harte
nach dem êwarte,
daz er im gebîte,

---

607 bezeichent uns daz = be . . . . az. 609 dô si vuor
K. = ... uor. 610 alte K. = ... 612 unde hie K. = ... ie.
613 erkoren K. = er . . . . . 615 geistlîchen K. = ge . . . . en.
617 im allen K. = ... len.   623 bîhten K. = bilede.
634 vervliuzzet = uerulîzzet.

640 unze er getuo sîne bîhte.
    sô der êwart dar chumet
    unde er sîn gechôse vernimet,
    sô hevet er sîn gechôse:
    sîn chraft diu sî bôse,
645 er teilet sîn guot
    durch die michelen nôt
    ie deme unde deme,
    ob in daz ende geneme.
    sô hât er dannoch den muot,
650 alsô vil maniger tuot,
    ob erz selbe gelebe,
    daz er ir deheinem nîne gebe.

    Ich waene, daz ist der ....
    .... sêle bevelle,
655 sô scheidet sêle unde lîp,
    ez sî man ode wîp,
    swaz er widir gotes hulden hât .....
    .... mage sich sîn niht ergân.
    diu bîhte diu ist chuphirîn,
660 daz lât die bôsisten sîn.

    Ich sage iu rehte wie ez stât:
    der die silberînen bîhte begât,
    der ist in dem rîche
    vil harte werltlîchen,
665 daz er mit den beinen dar gât,
    dâ der êwart stât.
    er chout: 'hêrre,
    ich hân gesundet verre,
    widir gotes hulden getân.
670 hêrre, ihr schult mich bestân.

---

646 durch *K.* = du... 650 alsô vil maniger *K.* = als ...l
m...ger.   652 deheinem *K.* = de......   653 wille *K.* =
w....   654 sô der sîne *K.* = ...   656 ez sî man ode
K. = ...   657 getân *K.* = ...   658 er ne
K. = ...   659 ist chuphirîn *K.* = ...rin.   664 sage
iu rehte *K.* = sag........   662 begât *K.* = be...

sezzet mich in buozze,
ob mich got leben lâzze,
daz ich vor mînem ende
gebuozze mîne sunde.'
675 der êwart ist guot,
wand erz willichlîchen tuot:
er sezzet in in buozze
ubir chleine unde grôzze
mit fasten unde mit den dingen,
680 die er danne mach furbringen,
er heizzet in daz haben unz an sîn ende,
buozzen wol sîne sunde.
diu bîhte ist silberîn,
daz lât die bezzeron sîn.

685 Daz sage ich iu rehte wie daz stât:
der die guldînen bîhte dâ begât,
swie der man gesundôt,
der ez enzît tuot
mit waltundir hende,
690 der mach wol lesken sîne sunde,
unz er habet sîn guot,
der sîne bîhte wol tuot
mit werchen joch mit worten
dem gewîhten êwarten
695 und er lîp und guot
ze gotes dieneste tuot.
diu bîhte ist guldîn:
daz lât die guldîn spangen sîn,
die diu brout an ir haete
700 alsô hangende an ir waete.

Daz golt vil ziere
daz bezeichent ir sêle,

---

684 bezzeron *K.* = bezzoren. 692 bîhte wol *K.* = .. ht . . ol.
694 dem gewîhten *K.* = ... hten. 696 gotes dieneste
K. = ... ste. 698 die guldîn spangen *K.* = ...
. . . . . . n. 700 hangende an ir waete *K.* = ... te.
702 bezeichent ir sêle *K.* = be . . . .

die lûhte alsô hère.
diu wiere dar inne
705 diu bezeichent die wâren minne,
die daz mennisch ze got hât,
sô ez an rehten riuwen stât
vor sînem ende
ubir alle sîne sunde.

710 Swer die bîhte hât getân,
der mach vrôlîchen gân,
dâ diu werlt elliu sol vor got stân:
der wirt dâ genant daz gesegent chint,
sô si vor got saelich sint.

715 Swelher sich selben warnot,
daz er daz wort garnot,
dâ der wâre broutegoum dâ chumet
unde sîne gemahelen zuo im nimet,
dâ nimet er die erwelten,
720 in furhtent die vertwelten
wundirlich sêre:
tages habent si niht mêre.
dâ lât got manege vrouwen
sîne wunden schouwen,
725 in sînem heizmuote
berunnen al mit bluote
zallen vieren enden
in fuozzen joch in henden,
einen stich durch sîne sîtun
730 (wir sehen in alle bluotun),
den er durch uns erliten hât,
dâ diu werlt en gegenwert stât.

Diu vrouwe izt nie sô hêre,
si enfurhte ir dâ vil sêre,

---

704 inne $K.$ = in .. 706 mennisch $K.$ = ... ch. 707 stât
$K.$ = ... 709 ubir $K.$ = ubil. 715 sich selben warnot $K.$
= .... rnot. 733 hêre $K.$ = h .. e.

735 der hêrre ist nie sô rîche,
    er ne furhte im vraislîchen.
    dâ stât der êwarte,
    er furhtet im vil harte.
    dâ riuwet die sundaere,
740 daz si ie wurden ungehôre,
    dâ rihtit got vil rehte
    dem hêrren joch dem chnehte,
    der vrouwen joch der diuwe,
    alsô si habent riuwe,
745 mennechlich nâch sînem gewurhte:
    dâ mugen wir uns balde furhten.

    Ein urliuge diche ergât,
    dâ disiu werlt nu lange ane stât,
    daz die hôchmuotigen rîtent
750 unde mit den armen strîtent
    unde die wellent verstôzzen
    unde daz durch nieman lâzzent.
    werden wir wol dâ gesunderôt,
    daz weiz got, dâ got sînen vluoch tuot,
755 dâ vellet er den hôchmuot,
    daz sîn wirt dehein gewaht.
    dâ zergât tage unde naht
    allez gelîche
    wan daz gotes rîche.

760 Dô daz teidinch zergât,
    dehein gebet ferre stât:
    den got dâ verteilet
    unde in der vîant geseilet,
    daz chan nieman erlesen,
765 wie der deheiner sol genesen.

---

735 nie *K.* = n.. 737 der êwarte *K.* = d.... art. 739 die sundaere *K.* = d........re. 741 rihtit got vil *K.* = rih.. ...... 743 der vrouwen *K.* = ...wen. 744 riuwe *K.* 746 mugen wir *K.* = mu...... 747 diche ergât *K.* = d.... ..... 749 die hôchmuotigen *K.* = d......mutigen. 750 strîtent *K.* = st...... 755 vellet er den *K.* = vel........ 760 taeidinch.

die varent ze der gotes winstir
in eine michil vinster,
die muozin immir durch nôt
bouwen den êwigen tôt.
770 oia hoi, wie der vert,
der ze der gotes zeswen wirt geschert!
der vert die hêren gotes vart,
sô er ie saelich wart,
daz sî man oder wîp,
775 der ie gewan den lîp,
daz er danne muoz sîn
immir in gotes mendîn.
dâ hôret sîn zunge
die rehten mandunge,
780 dâ wir sîn êrst heim chomen,
sô wir ez an den buochen hân vernomen.

Daz wîzze gewaete
daz diu brout an ir haete,
daz bezeichent daz wir ê
785 muozzen werden wîzzer danne der snê,
ê wir in daz gotesrîch mugen chomen,
(daz hân wir diche wol vernomen),
der dâ vellet ouf die hôhen berge.
daz ist ein michil sorge,
790 dem der snê dâ nindir bevliuget,
wand uns daz buoch nimmir liuget.

Nu hân wir alle erchennôt
umbe daz leben unde umbe den tôt,
nu mugen wir wol mit êren
795 an die gotes muotir chêren.

Daz diu brout dâ fuor in der vare
unde si louhte ubir alle die schare
als ein liehtir tagesterne,

---

777 mendîn K. = men...   779 mandunge K. = man.....
782 gewaete K. = ...   788 hôhen berge K. = ...ge.
790 snê dâ K. = ...   791 nimmir K. = ...   796 tage-
sterne K. = ...

daz si si leiten so gerne,
800 daz bezeichent diu heilige maget,
als uns daz buoch hât gesaget,
daz si von einem edelen chunne wart geborn,
unde ûz allen wîben wart erchoren
unde ouch siu liehtir schein
805 danne der gotis engil dehein.

Daz si sô wol sungen,
dô si sie heim brungen,
daz bezeichent daz der gotesman
niht in gemaiton sol stân:
810 der sol ie singen,
daz lop ze got bringen.

Die heimwarten liute,
die dâ wartoten der broute,
die bezeichent die funf werlt alle,
815 die dâ wâren in der helle,
die dannen nie mohten chomen,
ê si got selbe dâ muose nemen.

Der vil rîche hêrre
ûf dem gebirge verre,
820 der sîne chnehte verswief
in daz apgrunde tief
unde si dâ habete verlorn,
dô wolde er werden âne zorn.

Dâ tet got als ein vogil tuot,
825 der ist alsô gemuot:
sô er sîn jungide gebirt
unde daz tôtlich wirt,
hoi wie leide im danne geschihet
swenne er ez alsô swarzziz gesihet!

---

809 in *K.* = *fehlt.* 818 Der vil rîche *K.* = Der v . . . . che.
820 sîne chnehte *K.* = s . . . . 822 unde si dâ *K.* =
u . . . . . . 823 werden âne zorn *K.* = werd . . . .
825 ist alsô *K.* = i . . . . . . 827 unde daz tôtlich *K.* = u . . .
. . . . . . lich. 828 geschihet *K.* = ges . . . . . .

830 selbe gît er im den tôt,
    des chumet er in michil nôt.
    sô er sich danne vil wol enstât,
    daz er vil ubil dâ gètân hât:
    selbe laet er sîn bluot,
835 daz im alsô wê tuot,
    ez bewillet der vogil guote
    mit sîn selbes bluote,
    unz er iz andir stunt gebirt,
    daz ez schônir wirt
840 danne ez waere,
    dô erz ê von êrste gebaere,
    unde lât ez danne hin widere
    undir sîn gevidere
    in sîn heiz gebruote.
845 daz tuont die sîne guote.

    Alsô tet got der rîche
    uns allen gelîche,
    dô er des ze dem gedâhte,
    daz er uns ze dem liehte brâhte.
850 er lêch uns allen den rât,
    des er guot stat hât,
    ob wir rehte gefuoren,
    daz wir hêrore waeren,
    danne der engil dehein,
855 den ie diu sunne beschein:
    den hiez er betten an den man,
    den er êrste bilden began,
    an den hêrren Adâmen,
    von dem wir alle chômen

860 Dô chom des vîandes rât
    unde geschante sîn hantgetât,
    daz wir dô ane viengen,

---

830 selbe gît er *K.* = selb ...... 831 nôt *K.* = n .. 832 sô
er sich *K.* = ... 833 dâ getân *K.* = . a .. tan. 840 ez
waere *K.* = ... e. 859 wir *K.* = w .. 861 unde *K.* =
... e. 862 ane viengen *K.* = ... ngen.

sîn gebot ubirgiengen:
dô ne habet uns der hêrre,
865 dô ne ruohte er unsir mêre.

Sô chêrt er von uns sînen muot,
alsô noch der rîche man tuot,
der des armen hât rât:
er ne ruochit wie ez umbe in stât,
870 unde ouch der arme ubir gât
.... des rîchen rât.
ê sich dô got verdâhte
unde uns von êrste fure brâhte
zuo der nuzzen armuote,
875 dô erbarmot ez im in nôte,
daz wir alle dulten den tôt:
dô lôst er uns durch sîn nôt,
er edile unde er vil guote,
mit sînem vil hêren bluote
880 lôst uns got der guote.
von diu sol der arme
den rîchen noch erbarmen.

Ich sage iu wie erz an vie:
dô er unsir êrste genâde gevie,
885 dô hiez er einen sînen trout
werven ein brout,
er hiez in gesprechen eine maget
(daz was dâ vor gewîssagit),
diu des wert waere,
890 daz si den gotes sun gebaere,
ob diu maget taete,
des si der engil baete,
daz si daz chint gebaere,

864 uns der hêrre *K.* = ... 866 er von uns sinen
K. = ...en. 867 tuot *K.* = ... 868 der *K.* = ...
869 ez umbe in *K.* = ... 871 ...... des rîchen =
unde hât des rîchen *K.* = ...en. 873 unde uns
K. = ... ns. 874 nuzzen *K.* = nu.... 876 wir alle *K.* =
....le. 877 sîn nôt *K.* = ... 880 guote *K.* = guote alle
geliche. 885 er einen *K.* = ...inen.

daz dâ mite versûnet waeren
895 die engil unde diu loute
mit der gotes broute.

Daz was der angil unde der list,
daz geborn wart Christ,
daz er die touffe enphiench
900 unde uns manich guot bilede vor begiench,
manege diemuotîn,
daz wir alsam taetin.

Er mohte rîten ein ros,
daz in truoge ubir berch unde mos:
905 einen esil er ubirschreit,
dô er in Jerusalem reit
in die heiligisten stat,
diu undir dem himele ie gelach.
dô er rîten dâ began,
910 manich wîp unde man
sach dô den mâren,
die die hêristen wâren.

Daz was an einem donerstach,
der nâhist der dô gelach,
915 sîne martir er in dô seite,
als er den willen heite.

Undir sînen jungiren dâ wart ein strît:
er undirrihte si sîn sît.
si redeten albesundir:
920 si naeme michil wundir,
die dâ hinzze himele fuoren,
welhe under den die hêristen waeren.

---

904 daz in *K.* = ... ubir *fehlt.* 905 ubir schreit *K.* = ub . .
. . . r . . . 907 heiligisten stat *K.* = hei . . . . 909 dô
er rîten dâ *K.* = ... 911 sach dô den mâren *K.*
= sac . . . . ren. 913 was *K.* = . . . 914 dô *K.* = . . 916
er den *K.* = ... 917 jungiren dâ *K.* = iungir . . . . 918 sît
K. = . . . 919 si *K.* = . .

Got hiez si sitzzen,
er undirrihte si des mit wizzen,
925 daz wazzir er selbe dar truoch,
dâ er in die fuozze mit dwuoch.
die fuozze joch die hende
er truchenot si mit sînem gewande
alle besundir.
930 dô nam si michil wundir,
umbe waz got taete
die starchen diumuote.
got in dô seite,
umbe waz erz getân heite.

935 Got sprach selbe durch sînen munt,
er taete in allen chunt:
'daz ich daz wazzir iu hân getragen
unde iu die fuozze hân gedwagen
unde mich sus nidere hân getân
940 unde vor iu sô dienunde gân,
des schol ich in dem himilrîche den grôzzisten lôn hân
unde hân iz iu zeinem bilede vor getân,
daz ir alsam schult begân.

Swer dort ze genâden wil chomen,
945 der muoz die .... ch an sich nemen,
er muoz die ubirmuot lâzzen,
diu wirt hin hindir gestôzzen.
swer sich selben durch daz reht versmaehet,
der wirt in mînes vater rîche gehôhet,

950 Ir schult miniu wort tragen
unde schult si der heidenschefte sagen,
die heidenschaft bechêren,
die christenheit si lêren.

---

925 daz *K.* = ..z. 936 er *K.* = e . 941 des schol ich *K.* =̇
d........ch. lôn *K.* = ... 942 vor getân *K.* = ...an.
944 dort ze *K.* = ... 946 lâzzen *K.* = ...n 948 sich
selben *K.* = ... sel... 949 wirt *K.* = ... 950 schult *K.*
= ...... 951 der *K.* = ... bechêren *K.* = ...heren.

wellent ir ez rehte begân,
955 ich lâzze iuch ze jungist for aller mîner christen-
unde lâzze iuch wesen zwâre   [heit stân
ir urtailaere
ubir diu zwelf chünne
der Jacobis chinde.'

960 Sîne jungere er gelêrte
wie wol er daz bechêrte!

Ich weiz, er mit in gemerte.
der martir er dô gerte,
an daz chrouzze er dô geflouch,
965 dâ er den tievil ane betrouch,
der sich in daz paradîsum want,
dâ er einen boum vant
dar inne zeinem angen,
gelîch einem slangen.

970 Dâ zebrach er den ban
an dem aller êrsten man
unde an sînem wîbe:
er bevalchte ir lîbe.
ein obiz er ir bôt,
975 dar an enphiench si den tôt.
daz obiz si ezzen began,
si befalcte ez dem man:
dâ zebrâchen si daz gebot,
daz in getân haete got.

980 Dâ lâzzen wir die rede stân.
daz wart dô alliz an dem hêren chrouzze widirtân,
dô gotes sun der martir an giench,
dâ er uns ze sînen handen geviench,
dar an chôs er den tôt.

---

975 enphiench si *K.* = enphien.... 979 haete *K.* = .aet.
981 daz wart dô alliz *K.* = daz ..... all.. 982 dô gotes
sun *K.* = ... 983 ze sînen handen *K.* = ...
...... 984 tôt *K.* = t..

985 diu erde erbidimôt
in vil manegem ende
von obene ze grunde,
finstir wart daz sunnelieht:
daz ne was wundirs niht.

990 Dar nâch fuor er eine hervart,
sô nie deheiniu tiuror wart:
er fuor zu der helle
er brach die chorden alle,
die ture sich entsluzzen,
995 die grintil dannen schuzzen,
diu helle wart ouf getân,
man sach manegen man stân,
manich wîp in nôte.
die erlôst got der guote.
1000 diu helle wart beroubôt,
der vîant getoubôt
michil mêre
danne er ê waere.
im wart sîn menege benomen,
1005 sîn rehtir meister was chomen,
der in von êrste verswief
in ·daz apgrunde tief
nidir in die helle
und die sîne alle
1010 von dem chôre,
die tolen engele
die dâ rieten an got.
des wart in wol gelônot,
si vielen eben alle
1015 drî tage volle
sô diche sô der regen tuot:
si worhten ubil oder guot,

985 diu erde *K.* = ... 986 maneger. 987 von obeneze
K. = ... 989 daz ne *K.* = ... 990 eine *K.* = ...
991 wart *K.* = ... 992 er fuor *K.* = ... 993 chorden
= cho .... 994 die *K.* = ... 995 dannen *K.* = d .....
997 man sach *K.* = ... 1002 *Kein Reimpunkt.*

si muosen eben alle
dulten die helle.
1020 daz was diu Luzzifern vart,
sô im ie wê wart.

Hoy, wie leide im dô wart,
dô got in die helle spranch
ze dem allêrsten man,
1025 den er schephen began!
benamen er in dô nante.
der tiuvel in wol erchante,
er sprach vil schiere,
got in der helle waere.
1030 dô sprach drâte her Adâm,
dem sîn schulde habete getân
in dem obeze den wâren tôt,
der stûnt tieffe in der helle nôt:

'Her mîn liebir hêrre,
1035 ich getrouwe dir wol vil verre,
nu hilf mir got der guote
ûz dirre starchen nôte.'

Got hiez in ouz varen
unde suochen Abrahames barn,
1040 er lie dâ nieman bestân,
des er deheine ruoche wolde hân:
er lôste si eben alle
mit gewalte von der helle,
die rehten unde die guoten,
1045 die sînen willen ie getâten.

1020 was diu *K.* = ... u. 1022 Hoy *K.* = H .. 1023 die
helle spranch *K.* = d .. h ... e s ..... ch. 1025 schephen
began *K.* = ... gan. 1027 tiuvel in *K.* = ...
1029 got in der *K.* = ...   1030 Adâm *K.* = ...
1032 obeze den *Haupt* = ...   1033 helle nôt *K.* = ...
1035 wol vil *K.* = ...   1037 dirre starchen *K.* = ...
.... chen. 1039 unde suochen *Haupt* = ... u .... n.   1040
nieman bestân *K.* = nie .... stan. 1042 er lôste *K.* = ...

die helle beslôz er,
die ander dâ liez er.

Daz was ein schôniu hervart,
dâ diu helle beroubet wart,
1050 dâ got die sîne chnehte
brâhte zuo ir rehte:
ze sîner broutloufte
mit sîner martir er si choufte,
er fuorte si eben alle
1055 hin in die hêren zelle.

Die heremuoweden loute,
die chômen mit der broute,
daz sint die zwelf salûte,
mînes trohtines trûte
1060 unde andir martiraere
edil unde hêre,
die durch daz gotes wort
wurden gemartirôt:
die werdent zaller oberist gesezzet,
1065 ir marter wol ergezzet.

Nu wirt ouch nimmir mêre
dehein broutlouft sô hêre,
wan disiu nimmir zergât
unde immir êwich stât.

1070 Nu sîn wir sumliche loute
gezalt ze der selben broute,
wan wir solten zû den geisten,
wir solten sîn meister,
wan wir sîn genant diu gesegent chint
1075 unde ouf uns jene wartunde sint,

1058 sallûte = salute. 1065 marter K. = ma.... 1066 nimmir
mêre K. = nimmi. mer. 1068 zergat K. = ... 1070 sîn
wir sunliche K. = si .... 1072 wan wir solten K. =
w .... 1073 meister K. = m .. st.. 1074 wan K. =
... chint K. = ch... 1075 unde ouf K. = ...

8*

die von uns ûz sint genomen
unde hin ze den gesegenten chomen:
die wartent uns unz an den jungisten tach,
sô wol in, der dar chomen mach!
1080 diu brout daz reht begât,
daz ze den selben zîten bestât.
dem ist alsô edil unde alsô hêre,
alsô dem allêrsten zwâre.

Nu beschirme uns got alle
1085 vor der siechen helle
unde versperre uns vor der helle munt
unde mache uns an der sêle gesunt,
daz er unsir vatir werde
in dem himil unde in der erde.

1090 Sît er uns ze sînen chinden hât genomen,
dâ ouch wir in sîn rîch muozzen chomen,
wan wir von im haben den âtem.
daz werde wâr! âmen.

———————

X. Arnsteiner Marienlied.

———

. . . . werlt
van der sunnen ûz geit
âne sêr und ân arbeit.
daz kint daz himel und erden solde erfrouwen,
5 daz ze stôrene quam unsen rûwen,
ân aller slahte sêr iz van dir quam,
alsiz gotes kinde alleineme gezam.

———————

1076 von uns ûz *K.* = u . . . . . . 1077 gesegenten *K.* =
g . . . . 1078 an den jungisten *K.* = ...
1079 mach *K.* = . . . 1080 diu brout *K.* = ...
1081 selben zîten bestât *K.* = selb . . . . stat 1082 hêre
K. = . . . 1083 alsô dem *K.* = ... 1084 uns got *K.* =
. . . . . . 1088 werde *K.* = werd'. 1. *Die vier ersten Zeilen
sind ausgekratzt. Benecke.*

Van der sunnen geit daz dageliet:
sine wirdet umbe daz dû dunkelere niet,
10 nog bewollen ward dîn megedlîcher lîf,
alleine gebêre du daz kint, heiligez wîf.

Sint du daz kint gebêre,
bit alle du wêre
lûter unde reine
15 van mannes gemeine.
swenen sô daz dunket unmugelîch,
der merke daz glas daz dir is gelîg:
daz sunnenliet schînet durg mitten daz glas,
iz is alinc unde lûter sint alsiz ê des was.
20 durg das alinge glas geit iz in daz hûs,
daz vinesternisse verdrîvet iz dar ûz.

Du bis daz alinge glas dâ der durg quam
daz liet daz vinesternisse der werlde benam,
van dir schein daz godes liet in alle die lant,
25 dô van dir geboren warth unse heilant.
iz belûhte dich und alle cristenheit,
dû in den ungelouven verre was verleit.
iz vant dich, iz lîz dich bit alle lûter,
alse dû sunne deit daz glasevinster.

30 Juden, die ûg willen ze gode kêren,
merket daz glaz: daz mag ûg lêren.

In der buoche lese wir
daz Ysaias vane dir
alsus havet gesprochen
35 (die wort die sint belochen):
'ûz van Jesse sal wahsen ein ruode,
ûffe der ruoden sal wahsen ein bluome,
an der bluomen sal geruon der heilige drehten,
her sal sie gesterken bit allen sînen crefden.
40 van ime sal sie dû godes chraft entfân,

---

36 Vz.   38 drehten *MSD* = geist.

dâ mite sal sie den vîant erslân.'
meinet dû ruode dig, heilig megedîn,
bedûdet dû bluome dîn drûtkindelîn.

Oug saget uns alsus
45 dû buoch dû der heizet Exodus,
daz Moyses ein heilig man
sag einen busch de der bran:
den busch dû flamme bevienc,
ie doch her niet ne zegienc.
50 her bran unde louvede:
daz fûr ime nîne scadede.

Schein van deme busche daz fûr,
daz meinede daz vane dir
got hie in erden
55 erberwet solde werden.
gruonede das louf in deme fûre,
bluode der dîn mageduom in der geburte:
der busch behielt dû sîne scônecheit,
sô dede dîn heilig lîf dû sîne reinicheit.

60 Dînes mageduomes bluome gruonet ie nog,
du heizes unde bis muoder ie doch.
daz is daz wunder daz niene gescag,
daz nie ôre negehôrde nog ouge negesag.

Oug bezêchenede dich
65 wîlen de mandelen zwîg
de vore gode bluode:
daz was Arones ruode
de sament bit den bluomen
erougede die mandelen.

70 Dû porte beslozzen
gode alleineme offen,
dû Ezechieli erschein,

---

69 erougede *Benecke* = erounede.   71 offen *MSD* = offene.

si was oug dîner zeichen ein.

Man liset ouch ander
75 vil manig wunder
dâ mide dîn geburd
wîlen vore gekundet ward.

Hed ich dûsent munde,
gesagen ich niene kunde
80 envollen des wunderes
daz van dir gescriven is:
iz ne mogen alle zungen
gesagen nog gesingen
bit alle diner êren
85 nog dînes loves envollen.

Der himelischer hof
singet aller dînen lof:
lovet dig Cherubin,
êret dig Seraphin.
90 allez daz herie
der heiliger engele,
die in godes andouge
stênt von aneginne,
prophêten und apostolen
95 und alle godes heiligen,
die frouwent sig iemer dîn,
kunenclîchez megedîn.

Wale muozen sie dig êren:
du bis muoder ires hêren,
100 de der himel und erden
van êres hiez werden,
de bit eineme worte
gescuof du werlt alle,
dem alle dinc sint underdân,

---

83 gesingen *Benecke* = ges . . . . .   84 bit alle *,ist noch zu er-
kennen'. Benecke.   Dagegen liest Jellinghaus* frowe *Zs. f.
dt. Phil. XV, 346.*   92 in *Collation v. Jellinghaus, fehlt bei
Benecke.*

105 dem niet ne mag widerstân,
    dem alle craft gewîchet,
    dem niet ne gelîchet,
    den der êret und vortet
    alle duse werlet.

110 Daz is mir lanc ze sagene
    wie hêr du sîs ze himele:
    iz nis oug niemanne kunt
    âne den sêligen die dâ sint.

    Des eines bin ig van dir gewis
115 daz, frouwe, sus gêret bis
    durg die dîne grôze guode,
    durg die dîne ôtmuode,
    durg dû dîne sûvercheit,
    durg dû dîne grôze mildecheit.

120 Van dû aneruofen ig dich.
    frouwe, nu gehôre mig.
    aller heiligeste wîf,
    vernim mig sundigez wîf:
    allez daz mîn herze
125 daz flêd dir bit flîze
    daz du mir willes genâden,
    ze dîneme sune helfen,
    daz er durg sîne guode
    mîner missedêde
130 vergezze bit alle
    unde mir genâden wille.

    Leider mîne lidicheit
    dû hât mig dikke verleit,
    daz ig van mînen sculden
135 verworte sîne hulde.
    frouwe, daz is mir engestlîch,
    herumbe sô vurten ig

---

109 werlet *MSD* = werlt.　137 *Benecke liest* vorten, *Jelling-
haus* uvrten.

daz er sîne genâden
van mir sule kêren.

140 Van dû flien ig ze dir,
nu muoze daz stân ane dir
wie du mir, maged milde,
gehelfes sîner hulde.
hilf mir wâres rûwen,
145 daz ich mîne sunden
muoze geweinen
bit inneclîchen trênen.

Hilf mir bit flîze
daz ig dû hellewîze
150 niemer nî relîde,
daz ig oug vermîde
hinnevord alle dinc
die wider godes hulden sint.

Unde ruoche mig gesterken
155 in allen guoden werken,
daz ich begê mînen lîf
alse die heilige wîf,
die uns aller dugende
gegeven havent bilede:
160 unser muoder Sara du ôtmuodige,
Anna dû geduldige,
Hester dû milde,
Judit dû wizzige
une andere die frowen
165 die in godes fohrten
hie sig sô bedrageden
daz sie gode wole behageden.

Oug nâ dîner guode,
nâ dîner ôtmuode

---

151 daz *Benecke* = dad.

170 muoz ig gescheppen mînen lîf:
des hilf mir, heiligez wîf.
an dîne hant ig begeven
mig und allez daz mîn leven.
dir bevelen ig alle mîne nôt,
175 daz du mir willes sîn gereit
in swelechen mînen nôden
ig dich iemer ane geruofen.

Frouwe, dîner hende
bevolen sî mîn ende.
180 und ruoche mîn gewîsen
und mich erlôsen
ûz van der grôzer nôt,
swanne sô der leide dôt
ane mir sol gescheiden
185 den lîf van der sêlen.

In der grôzer engeste
cum du mir ze trôste
unde hilf daz mîn sêle
werde ze deile
190 den lieven godes engelen,
niet den leiden dûvelen,
daz sie mich dare brengen
dâ ig muoze vinden
dû êwelîche frouwede,
195 die dâ havent ze himile
die fil sêlige godes kint
die dar zuo irwelet sint.

Daz ig muoze scouwen
den unsen lieven hêrren,
200 den unsen scheppêre,
den unsen heilêre,
der uns gescuof van niwete,
der uns oug gecoufte
bit sînes sunes bluode
205 van deme êwigeme dôde:

Wer sal mir des gehelfen,
wer sal mig sô gelûteren
daz ich des wirdich muoze sîn?
daz saltu, Jesus, hêrre mîn.
210 gif mir, herre, dînen geist,
wantu selbe wale weist
alle mîne crancheit
und alle mîn unwizigheit,
daz ig muoze scouwen
215 bit den mînen ougen
dîn unverloschen liet:
daz ne were du mir niet.
daz ist der êwige lîf,
daz is daz ig armez wîf`
220 bit dîner helfen suochen:
daz lâ mig, hêrre, vinden.

Des sîe mîn bode ze dir
dînes selves muoder.
ô wie sêlig bin ich dan,
225 of sie mig willet forestân!

Maria, godes drûden,
Maria, trôst der armen,
Maria, stella maris,
zuofluht des sunderis,
230 porze dez himeles,
burne des paradîses,
dan uns dû genâde ûz geflôz
dû uns ellenden entslôz
daz unse rehte vaterlant:
235 nu gif uns, frouwe, dîne hant.

Wîse unz ûz gehelfen
von dere grôzer dûfenen:
daz is des dûveles gewalt,
dar uns în hât gevalt

---

209 Jesus = ihc̄.   237 dere = dere.
. . . .

240 Eva, unse muoder.
  nu flie wir alle zû dir.

  Wir weinen unde sûften
  ze dînen lieven vuozen:
  lâ du dich irbarmen
245 die nôt die wir armen
  in dirre dale helden
  manege wîs verdulden.
  Stella maris bistu genant
  nâ deme sterren der an daz lant
250 daz muode schif geleidet,
  dar iz ze rasten beidet.
  gelêd uns an Jesum,
  dînen vil lieven sun
  . . . .

  . . . .
254 daz er sie behûde naht unde dach
  van aller slahten ubele daz in gewerren mach,
  daz er in geven wille
  die sîne lieven hulde
  und ze lezzes uns gesamene
  in deme êwigeme levene.

260 Maria, milde kunigîn,
  nu muozestu gelovet sîn
  der dîner ôtmuote
  und aller dîner guode:
  dar umbe dig crist genam
265 ze muoder als iz wale gezam
  daz den aller bezzesten man
  der ie in duse werlt quam,
  daz bezzeste wîf gebêre

---

252 Jesum = ihm̄. 253 lieven sun *MSD = fehlt. „Auf dieser Seite (IX der hs.) ist alles ausgekratzt. Zu lesen ist nur als zweite Hälfte der letzten Zeile daz er sie behu." Benecke. Spuren von einigen anderen Wörtern bei Jellinghaus a. a. O.* 266 bezzesten *Benecke = bezzestes.*

dû in wîves kunne wêre.

270 Nu muozestu gelovet sîn,
    Maria, unse vogedîn
    trôst der cristenheide,
    schilt der unser brôdecheide.
    Maria, gratia plena,
275 du bis vol aller gnâden,
    des heiligen geistes ercornez vaz
    daz er ze disen êren sunderlîche erlas
    ûz van allen wîfen
    die der ie geboren wurden.
280 Milde Maria,
    Genêdige Maria,
    Suoze Maria,
    dînen lof muozen singen
    aller slahte zungen
285 und alle dû gescheffede
    dû der is in erden of in himele.
    dîn . . . .
    . . . .

XI. Die Wahrheit

1 Nu wil ich bitten den got,
    der von den Juden ward gemarterot,
    daz mir verlîhe den sin,
    daz ich mûzze chundin
5 den armen unde den rîchen
    die chunft fraisliche,
    den jungen joh den alten,
    waz uns ist behalten,
    wâ wir uns sulen enden.
10 wir sîn in dem ellende,

---

274 **gratia** = **grā**. 287 „*Die folgende Seite ist ausgetilgt und unleserlich.*" *Benecke.* 8 **waz** = **was**.

unser heimôt ist uns ungewis:
dar in helfe uns der heilige Christ!

Daz himelrîch ist unser heimôt,
diu helle ist der êwige tôt!
15 dîu genâde ist daz paradîsus:
dar werdent alle dî gewîset
die daz umbe got verdienent.
die anderen vil vreislîche chêrint
in daz tieffe hellewîze:
20 dâ sulen sî wesen inne
mit vil micheler grimme
beidiu naht unde tach,
als der tievil vil wol geleistin mach
immer ân ente:
25 daz ist daz ellente.

Des bewart iuch, mîne vil liebe.
ine wil iu niht liegen:
iz gehîte alsô werde
der himel zû der erde,
30 die gewunnen ensamet ein kint,
des alliu disiu lant sint,
einen vil heiligen sun:
der lôst uns von der helle grunt,
mit sînen fiunf wunden
35 vertilget er unser sunten.
er gab uns bêdiu
liebes unde leides,
ubeles unde gûtes,
swederes uns wurde ze mûte.
40 ouch hât er uns geheizzen
(daz wil er wâr lâzzen):
gevalle wir wider an den tôt,
er ne werde nimmer mêr durich uns gemarterôt.

Nu muget ir waenen daz ich tobe,

---

19 *reimlos.* 21 grime. 28 gehîte *Di.* = *offener Raum für
etwa sechs Buchstaben.* 35 sunt. 37 libes.

45 wande ich iu daz leit lobe.
　swer sô lieb leidet,
　leider ungerne er danne scheidet.
　alsô mach mir sîn:
　ich lobe iu unseren trehtin
50 unde leide iu den dievel.
　er ist âne zwîvel
　ein rehter lugenêre,
　lât in iu sîn ummêre.
　ich sage iu daz zewâre:
55 wolt ir iuch zů ime kêren
　unde ervolt ir sînen willen,
　er frumet iuch in die helle.

　Des warne ich iuch minnichlîche:
　daz gebiutet mir Christ der rîche
60 unde ladet iuch wider ze lande.
　nemet bilde bî dem walde:
　er ist vil schône unde vil breit,
　(ir sît iuwers mûtes vil gemeit),
　er ne ist iedoch nie sô lanch noch so grôz,
65 er mûze ze jungeste sîner tolden werden blôz:
　er wirt âne wurzen unde âne saf.
　des gehuget wol die wîl ir habet iuwer chraft.
　vart ir ze der helle, daz ist mir leit.
　swer dumben herfet, der flûset sîn arebeit,
70 swer sô winchet dem plinten,
　der verliuset sîne stunde.
　behûtet iuch in disen churzen zîten,
　ir muget lîhte ze lange bîten:
　bîtet ir sô lange,
75 unze ir mit dem grimmen tôde werdet bevangen,
　sô ir ez denne gerne taetet,
　sô sît ir ze spête.

　Waz mach ich reden mêre?

---

47 *unklar.*　50 den *Di.* = *fehlt.*　55 iuch *Haupt* = noch.
72 in *Di.* = *fehlt. Nach Pipers Collation zs. f. dt. Phil.*
20,480 **dizzesen.**
　...

ne welt ir ·iuch niht bechêren,
80 sô wirt vil lîhte,
daz ir mit al gerihte
des grimmen tôdes mûzzet bechoren.
sô sît ir immer mêre verloren
an der armen sêle,
85 geswîchet ir dem hêrren,
der iuch mit sînem blûte choufte
unde iu dî missetât abflûte:
in dem Jordâne
wurde wir ze wâre
90 alle frîge gezalt,
er holte uns ûz der helle mit sînem gewalt.
das bedench wir, vil liebe, in dem sinne:
ez engetet nie dehein chint
durich sînes vaters willen,
95 daz ez sich lieze chollen,
noch der vater durich sînen sun.
nu lônet im mit triuwen!
noch wirt ein tach,
daz ez uns wol gefrumen mach:
100 hab wir im iht gedienôt,
des wirt uns gelônôt.

Wir sîn freislîche wunt,
wir sulen wider sâ ze stunt
gâhen vil harte
105 zû unserem êwarten.
unser sunde sul wir in lâzen sehen,
unser grôzer sunde vergehen:
er vindet uns die strâlen,
dâ wir mit gescozen wâren.
110 belîbet si dar inne,
sô wir die wunden gewinnen,
sô ne kan si nimmer enhein man
mit sînen sinnen gehailen,
sô mûze wir siechen immer mê:

---

80 wirt *Di.* = wir. 87 abflôfte *Pipers Collation Zs. f. dt.*
Phil. XX, 480. 105 êwarten *Haupt* = ewart.

115 daz muge wir bewaren allez ê!
 von diu bite wir uns an den bûchen
 die arzât sûchen
 diu getranch ouch die binden:
 wie gereit wir got danne vinden!
120 sô hailet er uns, mîn vil lieben,
 sô muge wir den êwgen lîb verdienen.

 Der êwige lîp der ist sô getân:
 dâ ne mach daz wîp noch den man
 gehungeren noch gedursten,
125 gejâmeren noch gevriesin.
 vil wol sint si behûtet
 vor alrslaht nôten,
 engelin sint si anelîch,
 immer unsuntlîch,
130 mit allen genâden sint si behût.
 ze himele kêr wir noch unseren mût
 nâch unser aller heile
 unde erwerin uns der helle vor dem urteile.

 Nu furhte ich eines valles
135 uber uns sunter alle:
 der sculdege der scamt sîch
 . . . .
 îdoch sol sich nehein man
 ze harte missetrôsten:
140 wil er sîn haben rât,
 er vindet einen arzât,
 der im heilit sîne wunden
 und in machet wol gesunden.
 diu bûch sagent uns fur wâr,
145 daz niemens sunde sîn sô swaere,
 wil er sich lâzen riuwen
 mit innerclîchen triuwen:
 got der ist sô genêdich,
 er verlîhet im den êwigen lîp.

---

128 sint = sîn.

150 Daz liet heizet diu wârheit:
daz ist dem tievel sô leit,
swâ er daz hôret singen oder sagen
oder dehein rede vone gote haben.
war tû wir arme unsern sin?
155 jâ gescûf uns mîn trehtin.
war dench wir vil lieben?
daz er uns alle tage dienet
mit weter joch mit wint
als der vater sînem kinde.
160 wolt wir ims getriuwen,
er gebûzt uns unser riuwen
unde gêbe uns daz tegelîche brôt
unde gebûzte uns alle unser nôt.
jâ dienet uns allez daz dir ist
165 ligendez unde lebendez.
diu maenin joch der sunne,
die liuhten uns mit wunnen.
der tach chumt uns als ez got gebôt.
sich frout der mensch, daz er ist gesunt.

170 Ich waenez ie wart,
sît daz Adam erstarp,
daz alsô manech wîp unde man
wider got haben getân
an ir selbes lîbe:
175 des sulen si die nôt lîden
an ir gewant unde an ir hâre
unde an ir geschoude ze wâre.
daz tunchet mich ubele getân.
des râtes wil ich abegân.
180 vil michel jâmer mûz mich hân,
daz alsô maneger mûter barn
in die helle sol varn.

---

155 gesûf. 164 alles. 167 liucten. 168 hvmt. 174 sebes.
liebe. 175 leiden. 177 geschoude *Di. (Gesicht, Aussehen)* =
geschûde.

XII. Vorauer Sündenklage.

1 Domine, labia mea aperies!
  Nu gestade, hêrre, mir des,
  daz ich dîn lop gesprechen mege,
  mînen munt insliuz und phlege
5 der werche mîner zunge,
  daz ich dich bitten kunne:
  daz gib du mir, heilîger Crist!
  Sancte Maria, du dâ bist
  wâreu muoter, reiniu maget:
10 zu mîner helve wis geladet.

  Ich hân von mînen sulden
  des oberisten hulde
  verlorn alsô harte.
  durch willen der worte,
15 der dir der engel zû sprach,
  dô er dir die hêren botscaft
  aller êrist kundet von gote,
  nu wis hiute ein bote
  an dînen einbron sun,
20 an unseren hêrren,
  an den wâren heilant,
  der allez manchunne enbant,
  drût vrouwe, mit dire:
  zû sînen hulden hilf du mir
25 durch willen der geburde,
  daz du geborn wurde.
  her in dise werlt geborn,
  harte vorhte ich sînen zorn,
  wande ich mich sculdigen weiz.
30 nu bivilhe ich, vrouwe, mînen geist
  zu helve, wâriu maget:
  allez daz sî dir gechlaget,
  daz mir iemer gewerre.

---

18 hûte. 26 *Di. = fehlt.*

jâ gedrûwe ich dir verre!
35 Himelisgiu chuniginne,
   wie verre ich an dich dinge
   daz heil mîner sêle!
   durch willen der êren,
   der dir got des tages irbôt,
40 dô er durch aller suntaere nôt
   in dînen reinen bûch cham.
   zeiner mûter er dich nam
   ûzzer allen wîben.
   ze sêle unde ze lîbe
45 getrûwe ich vil wol dir:
   ein bote wis hiude mir
   an den heiligen Crist.
   ein teil du mirs sculdig bist,
   daz du mir helvest umbe got:
50 wande du den êwigen lop
   durch die sundêre inphienge;
   unde ne wêre nie nieman
   mit sunden bevangen,
   sô waeriz unergangen
55 daz got mit dir getân hât.
   nu sûche ich armer dînen rât,
   dîner helve ist mir nôt.
   durch den heiligen tôt,
   den der wâre gotesun
60 an deme hêren crûce nam
   durch allez daz manneschunne,
   nu verdîlige mîne sunde
   unde heile mîne sêle!
   die hulde mînes hêrren,
65 die hilf mir gewinnen,
   du gotes gebêrerinne,
   nu ne lâ mich under wegen niht!
   von dir daz êwige lîht
   uber alle dise werlt irscein:

---

47 heiligen *Di.* = hiligen.   54 unergagen.   63 mîner
69 irscein *Di.* = irscin.

70 nu hilf mir sundêre heim
   ûz diseme wurmgarten,
   dâ wir în geworfen wurden
   durh Adames missetât,
   der aller manne chunne hât
75 irworven michel arbeit
   mit sîner chelgîtechheit.

   Nu hôre du, vrouwe, mînen rûf,
   dich dâ got zů diu gescůf,
   ê ich ie wurde,
80 daz du die burde,
   die er ûf sich nam,
   dô er in dise werlt cham,
   mit samt ime hůbest,
   in dînem bůche du in trůgest,
85 maget wesende du in gebêrest,
   sîn chintamme du wêrest,
   zu dem vrônen sale du in brêhdest.
   windellîne du ime gedâhtest,
   dô du in imphienge;
90 mûterlîchen du in begienge,
   an dînen brusten du in zuge,
   in Egyptum du mit im vluhe.
   dô du diu werch mit· im worhtest,
   wie harte du sîn dô vorhtest!
95 gedrûbet du an im diche wurde:
   dô hulve du im die burde
   wol tragen mit vollen,
   maget umbewollen.

   Vil harte trůge du die burde sint,
100 dô du daz dîn chint
   an dem vrônen crûce sâhe hangen:
   dô weiz dir irgangen
   alsô der wîssage sprach,
   dô er vil verre hie bevor sach

---

77 Nu *Di.* = Dů.   84 dînem = dînen.   99 sint = *fehlt; vgl*
V. 445.

105 den dînen michelen lop
　　unde al daz der wâre got
　　mit dir tûn wolde.
　　er sprach, daz ein sterne solde
　　von dem hêrren Jacobe chome,
110 dâ vone wurdest du, vrouwe, vernomen.
　　dennen wurde ein chint geborn,
　　des sêr solde durchvarn,
　　maget, dîne sêle,
　　iz solde wesen hêrre
115 uber elliu diu rîche:
　　er sah iz waerlîchen.
　　dô daz alsô irgie,
　　daz man dînen sun hie,
　　dô wart mit sêre
120 dîn heiligiu sêle
　　vil harte bevangen.
　　er mach dich von dannen
　　zû deme sternen wole zelen,
　　wande dich got selbe zû dem liehte wolde erwelen,
125 daz uns dâ sol wîsen
　　zû deme vrônen paradŷse,
　　alsô der mersterne
　　den scefman leitet verre
　　uber genen breiden sê.
130 uns tet diu vinstre dâ bevor wê:
　　dô du maget dô irscine,
　　dô was diu sorge hine,
　　dô was drûren gestôret,
　　vroude irhôret
135 von den engelen hie in erde.
　　vil sâlich du dô wurde
　　her in dise werlt geborn,
　　wande aller der zorn
　　unde elleu diu vîentscaft
140 diu under mennisken unt under gote was,

---

112 durchvarn = durch varen.　122 er: *vgl. 103.*　mach dich
= mahtich.　127. Also.

mit dir zů sůne wart brâht,
vone diu sô hân ich mir gedâht
daz ich alles mînes scaden
zů dir fluht welle haben.

145 Frouw, uber allez daz dir ist,
dich der heilige Crist
des wirdich hât bedâht
daz du lop hâst brâht
uber alle dise erde:
150 nu solt du, gote werde,
mîne dige irhôren,
du dâ zů den niun chôren
michele vrouwede hâst gegeben
den boten unde den wîssagen
155 unde den marterêren,
den bîhtėren alsô hêren
unt patriarchen
mit dînen starchen werchen.
die hâst du gezieret,
160 vil wole geêret
unde hâst die mandunge brâht.
vil manich sêle hiut hât
gedingen in der helle
daz in der behwelle
165 von dînen werchen werde rât:
got mit dir zebrochen hât
die vesten helleporten.
mit gedanchen unde mit worten
noch mit cheinerslachte dinge
170 so ne chan ich vure bringen
dî gůte dî an dir sint:
du bist des obristen kint
unde bist doch sîn můter;
vone diu sô tůt er,
175 vrouwe, allez daz du wil.

---

141 wart *Haupt* = hat.   145 Frouw *Di.* = Drŏw.   160 vil
wole geêret *Di.* = *fehlt.*

nun ist mîner sunden nie so vil,
sîner gûte ne sî mêre.
ich bite dich durch sîne êre
daz du ledegest mînen geist,
180 den du in angesten weist.

Nu bete ich dich gerne,
vrouwe, vil verre,
want ich waerlîchen weiz:
wil du ledegen mînen geist,
185 der mir dâ ist benomen,
sô solt du mir ze helve chomen,
swenne ich disen lîp vrende;
des bite ich dich durch willen der urstende
190 der der taete von dem grabe,
der dich dâ zû gesezet habe
ze frouwen uber elleu dinch,
dem wole kunt sint
alle mîne sorgen.
195 ich was zû niht worden:
daz was mir ungewizzen.
got hete sich gevlizzen,
wî er mohte gezieren unde gêren
mîne sêle unde mînen lîp,
200 unt hân ich mich des selbe sît
alsô harte verstôzen:
er wolde mich genôzen
den engelen in den hôhen,
uber die niun chôre
205 wolde er mich sezen.
daz mich des iht mege lezen,
daz bewar du chuniginne
durch der wîle willen
daz dir got ie chunt wart.
210 nu offene mir die widervart

---

181 Nu *Di.* = Dû. 195 *Di.* = ich newas ich zu niht worden
got..., 198 gezieren *Di.* = gehieren. 204 niun = nûn.

denne ich her verheret sî.
drût frouwe, nu stant mir bî,
als ich dir des wol getrûwe.
wî ungerne ich nu bûwe
215 diz vinster lant!
zeinem boten wis du mir gesant
an den der dâ wol mach
mir geben den êwigen tach,
daz er mich vûre hinnen,
220 sciere dar bringe,
dâ ich habe liep ân leit,
froude ân arbeit,
dâ ich mich iemer mêre mende
êwiclîchen ân ende
225 mit allen den die der gotes chint
mit dînen werchen worden sint.

Frouwe volliu gûtes
durh willen des blŭdes,
daz got an deme crûce ûzgôz,   [flôz,
230 unde durch willen des wazeres daz von sîner sîten
gemisket mit drôre:
nu vernim mich suntêre   [enbunden
unde hilf mir, daz ich von deme tiuvele werde
durch willen der vinf wunden
235 der got durch unsich irliten habe,
unt durch willen aller der tage
die er von dir getragen wurde,
unde durch willen dîner ûferte
die du ze himele tête.
240 nu hilf mir ûz dirre nôte,
ûz disem ubelen wŭftale
unde brinch mich zu deme vrônen sale,
dâ got den êwigen lôn gît.
nu ledige, chunigin, in zît
245 mîne arme sêle
durch des grabes êre,

---

226 Frouwe *Di.* = Drŏwe.   241 woftale.

dâ der vil sâlige inne lach,
der sînen lîp umbe unsich gap.

Nu hilf mir, heilbringe,
250 wâriu vogedinne
aller der verherten:
die dîniu werch nerten,
du brêhte in die widervart,
mit dir diu vinstere wart
255 zu dem liehte verwandelôt,
mit dir der êwige tôt
aller wart zestôret,
von dir wart irhôret
in der helle mandunge,
260 mit dir wart gewunnen
an deme diuvele sîn veste,
aller magde beste
(von rehte man dich bitten scol),
mit dir der Adames val
265 wart brâht zû gûde,
mit dir wart diu hûte
allen mennisken gegeben,
daz ir die engele sulen phlegen
beidiu naht unde tach.
270 vil wol du nu heizen maht
porta paradŷses,
ture des himelrîches,
mûter des heiles,
tîlegerinne alles leides.
275 aller gûte bistu vol,
dîn gnâde diu sol
mich ledegen von mîner meile
durch willen der reinen
der ime got selbeme behielt an dir.
280 nu hilf, trût frouwe, mir
unde habe irbarmede uber mich:
des bitte ich armer menniske dich.
durch willen der nôte

---

282 minniske.

der daz herze dînes sunes an dem crûce hête,
285 dô er hangende drane toute,
unde durch willen aller der werche
dâ er dich ie mite fruote,
sô hilf mir armen umbe got,
diu wort, diu er selbe chot,
290 daz er diu ane mir bewêre:
er sprach, ni ne wolde tôt der sundâre.

Scephaere aller dinge,
nu vernim mîne stimme
durch sande Peteres willen,
395 der durch dîne minne
an daz breit mere trat
durch die liebe daz er dich gerne gesach.
sô vernim, hêrre, mîne gebete:
allez daz ich ie getete
300 wider dînen hulden,
des wil ich mich suldigen
zû dînen gnâden geben
unde wil dir rihten unze ich lebe.
ob du nu rûchest mîn,
305 sô sol ich ein riuwesêre sîn
unze an mînen ende.
nu solt du mir senden
dînen heiligen geist,
wande du, hêrre, vil wol weist,
310 daz elliu mîniu dinch
âne dîne helve inwiht sint.
nu ledige, hêrre, mir diu bant
dâ mide mich der ubele vâlant
hât gebunde so diche:
315 von sînen manegen strichen
moht ich mich niht behûten,
mir ne wellen helven dîne gûte.

Got, du solt mich alle zît bewaren,
daz ich rehte gevare:
320 des bit ich dich, hêrre,

durch des ganges êre
den du zů dem crûce gienge,
dô dich dî Juden hiengen,
unde durch willen der geburte
325 daz du geborn wurde
durch allez mankunne.
nu vergip mir mîne sunde,
du vil heiliger Crist:
du daz eine bist,
330 wider den ich gesundet hân,
deme ich ouch in rede sol gân,
der mir ouch urteilen sol,
den mînen freislîchen val
sol bringen ze rehte.
335 nu hilf dînem chnehte
durch dînen heiligen tôt:
des ist mir durft unde nôt.

Wâre got der getrûwe,
nu mich mîne sunde riuwen
340 unde si ouch gerne bûzen welle,
nu habe irbarmede uber mich:
des bite ich armer menske dich
durch aller heiligen êre.
nu hilf mir, daz ich mîne sêle
345 inphůre von deme bechen:
uber den lîp solt du daz rechen,
der ist suldich wider dich,
dâ mit wil ich
dir vil gerne gelten,
350 daz ich dir sô selten
hân gelônet mit gůte,
daz du mich mit dînem blůte
chouftest von der helle
unde von der heizen bechwelle.
355 swâ ich des vergezzen hân,
dâ hân ich verre getân

---

335 chnete.   337 unde = *fehlt*.   338 Wâre = Uarre.

wider mîneme heile:
dâ wil ich mir selbe umbe irteilen
den dînen michelen gerich
360 in diseme lîbe uber mich.
daz mir dort ze leide solde werden,
daz irteile ich ungerne,
daz wurde lîhte ze lenge:
dize genimet sciere ende.
365 daz du mich sîn hie ingaltest
unde du den geist behaltest:
des sîst du hêrre iemer gelobet.
ich was irtôret unde irtobet,
daz ich des ie vergaz:
370 der dâ scephaere was
uber himel unde uber erde,
daz er rûhte werden
ein armer menniske durch mich.
ouwê, war dâhte ich,
375 daz ich niht enzît ûf ensach?
disiu werlt hat mir rezeiget daz,
wî ir lôn ist getân.
daz ich ir sô vil gedienet hân,
daz mûze got erbarmen.
380 si betriuget manegen armen,
der wânet daz er rîche sî:
er gelît ze iungest der bî
vil harte erbarmiclîchen.
nâch deme êwigen rîche
385 werven nu alle die der sîn,
daz ist hinen vurder der rât mîn:
daz ist staete unde gût.
ouwî, wî bôslîch er tût,
der iz niene choufet ê,
390 ê der marchet zegê:
ime chumt hernâch daz zît,
ê sîn sele begebe den lîp,

---

365 ingaltest *Di.* = ingaltetest.　372 rûhte *Haupt* = uihte.
381 eler wanen daz riche si.　389 choufet = chophet.

ob. elleu diu werlt sîn eigen waere,
daz er si gerne gaebe.
395 trûwet ers iht geniezen,
daz er den lîp lieze
ze bulver verbrennen:
iz ist enwiht denne.
den der tiuvel sô betriuget,
400 daz er iz dar gesciubet,
dem hât er daz halmel vorgezogen,
unz er in gar hât betrogen.

Got der gewaere,
nu vernim mich sundaere!
405 nu lig ich in dirre tieffe,
an dîne gûte ich nu rûfe,
daz du mir bietest dîne hant.
ez ist leider vil lanch
daz ich flôs dîne hulde:
410 sich hûben mîne sulde
des tages dô Adam
dir wart ungehôrsam.
dô viel ich in daz unreht,
daz hân ich sundiger chneht
415 sît vil diche giteniuwet:
des biute ich mîne riuwe
zû dînen gnâden.
nu solt du mich inphâhen:
durch necheine mîne missetât
420 disiu werlt mich betrogen hât,
si hât mir armen getân
alsô vil manegem man,
den sie hât beswichen.
ein teil hân ich iri te harte gehenget,
425 ich vorhte, ich habe gelenget
die gnist mîner sêle.
gnêdger hêrre,
nu lâ mich dir erbarmen,

---

400 **gesciubet** *Di.* = geseubet.   428 lâ *Di.* = *fehlt.*

jâ chouftest du mich armen
430 mit dîn selbes blûte.
wâre got, durch dîne gûte
nu vernim riuwigen mich:
ich wil mich rûgen wider dich,
ich binz der wirsiste man
435 der den namen ie gewan
daz er cristen solde sîn.
nu lâ den zorn dîn
uber mich verworhten niht gân
dar nâh unde ich daz garnet hân:
440 sô waere ich êwiclîchen vlorn.
in den sunden wart ich geborn,
mit sunden mich diu mûter enphie,
die ich aver in der toufe lie:
dâ gehiez ich cristenlîchiu dinch,
445 diu hân ich gare erlogen sint.

Gnêdiger hêrre,
nu vorhte ich mir sêre,
want ich mich suldigen weiz.
aller dinge ich mich vleiz
450 diu wâren wider dir:
die solt du vergeben mir
durch dîner mûter willen.
mîne sulde sint niht ringe,
ir ist laider sô vil!
455 ein tail ich dir nu clagen wil
der ich nu gehugen mach;
unde sêzze ich naht unde tach,
sô ne dorft ich niemer gedagen,
ob ich allez solde sagen;
460 wande ich vie dar zů
laider vil frů,
dô ich in der wigen lach:
dô ne verliez ich nie neheinen tach,

---

437 den *Di.* = du.   446 Gnêdiger *Di.* = Anediger.

ine getrûpte mîne mûter,
465 ich tete ir luzel gûtes,
ich ne tet ir niwâr leit.
vil manege bôsheit
hân ich sît begangen:
mîn lîp was bevangen
470 mit aller âchuste;
under mînen brusten
sô ne was niwâr zorn unde nît,
untriuwe und ubermût;
aller ungûte was mîn herze ie vol,
475 rehter dinge weiz hol.

Dem ich wol zû sprach,
ich ne verliez iz nie durch daz,
ich ne riete ime an sîne gût.
mit den gedanchen ich in slûch,
480 ich hônde in mit der zungen,
ich ne sprach mit dem munde
niewâr hûh unde spot.
sô ich scolde sprechen dîn lop,
sô was ich unmûzech:
485 daz hâstu wol gebûzet,
des sag ich dir gnâde.
ze chirchen was ich trâge,
gerne ich roupte unde stal,
daz unrehte ich verhal
490 mêre dan ich solde.
neheine mâze ich ne wolde
mit hûre begân:
dem manne ich sîne konen nam.
michel unreht ich begie:
495 nechein wîp ich ne lie,
ich sî mit ir gevallen
mit werchen ode mit willen
ode mit sôgetânen gebâren
die hûrlich wâren.

---

473 ubermûte.   487 was *Haupt* = *fehlt.*

500 dâ mich aver iehtes umbe was,
vil sciere vrumet ich daz,
daz ich alzoges gût wîp
ze leide brâhte ir lîp
mit unrehten mannen:
505 des hân ich vil begangen.

Ich hân mit meineiden
getân sô vil ze leide
mîner armen sêle.
ich phlac des ie, hêrre,
510 daz ich ein rechêre was:
der mir iht getet oder gesprach,
ich rach halt andere liute dinch.
an dînen werchen was ich blint,
tôre unde stumme.
515 ouwî, wî wol ich daz chunde
mit ubele gewinnen!
diu heilige minne,
diu was mir ie verre.
nu hete ich sie gerne;
520 nu hôre ich wol sagen,
swelch man ir nî ne habe,
er verliese allez daz gût,
daz er iemer gedût:
des sorge ich mir harte.
525 necheineme êwarten
chom ich niht ze bîhte
nie sô lûtterlîchen,
sô ich von rehte solde.
swenne ich aver denne wolde
530 die mâze iemer iht begân,
wande mîn gnist dar ane scolde stân:
des ich denne dâ gehiez,
des ne geleiste ich niht.

Swenne ich solde vasten,

---

512 lûte.

535 sô scalt ich den phaphen,
    der mir die bûze gebôt,
    ze nihte vorhte ich den tôt:
    ich wânde, iemer solde leben.
    ich hân vil diche einem anderen gegeben,
540 deiz mir leit waere,
    swer mir iz gêbe.
    swenne ich hêrre ie genam
    dînen hêren lîchnamen,
    den behielt ich unrehte:
545 daz vergip du mir, drehtin:
    swie hêre daz zît was,
    ich ne verliez iz nie durch daz,
    ich inbegienge mînen willen
    uberlût unde stille:
550 sô hân ich diche dich vermanet.
    swâ ich aver iemannen vant,
    der ein irraere was,
    der geviel mir al deste baz,
    den chôs ich mir ze gesellen.
555 nu mohte ich iemer zellen,
    daz ich iz doch niemer vol zalte,
    dâ mit ich mich valte.

    Des ich dir nu verjehen hân
    unde alles des ich hân getân
560 mit worten ode mit willen,
    mit deheiner slahte dinge:
    daz vergip du mir, hêrre,
    durch des grabes êre,
    dâ du lâge inne,
565 unde durch dînes heiligen crûcis willen,
    dâ du ane nême den tôt
    durch aller sundaere nôt.
    du rihtiz uber mîn fleisch,
    daz der mîn arme geist

---

548 mînen *Di.* = minnen. 550 dich *Haupt* = *fehlt*. 563 des grabes *Di.* = drabes.

570 niht verlorn werde.
ich was ein blôdiv erde
unde bin hiute so bôse.
solt ich mich irlôsen,
dir, hêrre, gehuldigen,
575 aller mîner sculde
ich vil harte versûmet wâre:
dem leidigen wîzenaere,
dem wurde sîn gehalten ze vile.
ein teil ich is nu wil
580 gerne hie gebûzzen:
daz ich daz getûn mûze,
daz gip du mir, heiliger Crist,
du dâ scephaere bist
uber himel unde uber erde.
585 nu hilf mir, daz ich dir noch rehter werde
vor mînem ende:
des bit ich dich durch dei gebende
die du doltest von den Juden.
nu rûche, hêrre, mich ze vridenne
590 vor dem ubelen hunde,
der ie zallen stunden
wirvet mit flîze,
daz er mich beswîche.
er was des leider ane mir gewis,
595 des aver, obe got wil, nie nist,
daz er mich in der hant hête:
er scol die selben mîte
die er mir dâ wolde geben,
vil lange ein ubele leben,
600 daz ich ir hie verdienet habe.
die nim du mir hie abe
mit ettelichen dingen,
daz ich si nîne bringe
an den urteilichen tach,
605 da niemen ne mach

---

sín unreht bescirmen.
dâ mûzen si gehirmen
die hie ir antsage
mit ir spêhlichen rede
610 dâ vure bietent.
ob in ieman riete
ir sêle gnist,
des tages iz alzoges ist
chomen ûz allerslahte râte:
615 so sûftent si al ze spâte.

Nu erchenne ich sundiger chneht
vil wol mín unreht
unde alle mîne sculde.
hêrre, dîne hulde
620 hân ich harte verlorn,
wol garnet dînen zorn.
du vil heiliger Crist,
nu weiz ich vil wol daz du bist
hiute alsô gnêdich
625 sô du waere,
dô du deme scâchaere
sîne meintaete verlîeze
unde du ime vil wol gehieze.
nu wil ich ouch wider sinnen
630 vil gerne gewinnen,
hêrre, dîne hulde,
unde wil mich hiute sculdigen
in dîne gnâde geben
unde wil dir rihten unze ich lebe.
635 nu ist ouch billich unde reht
daz du enphâhest dînen armen choufchneht.

Hêrre uber elliu dinch,
dir dâ wol muglich sint
mîne sculde ze vergebenne.

---

616 Nu = Dû. *(Initialen in dieser Vorlage der Vor. Hs. oft
verwechselt.)* chnet. 617 unrehte. 625 du waere *Di.* = do.
628 gehieze *Di.* = geheize. 629 sinnen *Di.* = sinen.

640 nu verlîch mir ze lebenne
    unze ich verworvener scalh
    von des tiuveles gewalt
    inphûre mîne sêle:
    des bitte ich dich, hêrre,
645 durch willen der êren
    dîner hêren ûferte.
    nu gedenche an mir der worte
    der du sprêche dînen jungeren zû.
    ân dîne helve ne mohte niemen niht getûn,
650 daz ist, hêrre, vil wâr:
    Maria diu ne waere nie sô manich jâr
    in der wûsten gewesen,
    der tiere spîse genesen
    âne dîne gûte.
655 diu hât mir mîn gemûte
    gemachet vil ringe
    sô getâner dinge
    dî uns von ir sint gescriben.
    den du, hêrre, wil bevriden,
660 der ist behalden unde irneren.
    jâ ist uns ir daz geleren
    daz si sich sô verre verworht hête,
    daz si der luft inlieze
    ze Jerusalem in daz munster niht,
665 unze si riuwen gihiez,
    ze bûzzene ir sculde:
    dô gewan si dîne hulde,
    dîn gnâde ir sâ den wech inslôz,
    dâ ze stete si gnôz,
670 du vil heiliger Crist,
    daz du sô gût bist.
    ouch wart si selbe sô gût
    daz si der luft enbore drûc,
    der ir daz munster ê benam.
675 swen ich sundiger man
    denche an dîne gnâde,
    sô bin ich vrô ze wâre,
    sô ist mir mîn gemûte vil ringe.

sô getâner dinge
680 begienge du diche vil:
ich engetar noch ne wil
missetrûwen dîner gûte.
der ofen der dâ glûte
den chûldestu den chinden,
685 daz in dar inne
diu hizze nîne war,
dînen engel sandest du dar,
daz er dâ mitsamet in sanch
dîn lop, wâre heilant.

690 Swer sich ie zû dir gevie,
den verlieze du nie,.
daz ist offen unde wâr.
daz bewârst du wol dâ
an der gûten Susannen,
695 diu was mit nôten bevangen:
ir wart erteilet der tôt,
unze dîn gnâde dô gebôt
eime kindiscem manne
daz er ir half danne
700 ân allen ir scaden.
dî si wolden vlorn hân
mit luggeme urchunde,
uber dî du vrumedest
die selben urteile
705 dî si ir ze leide
heten gerâten:
wande sit alle tâten
ân alle ir sulde,
des vluren si dîne hulde.

710 Gnêdiger hêrre,
du lôstest Danyelen,
der den lewen was gegeben,

---

695 beuagen.   702 urchunde *Di.* = urchunne.   703 du *Di.*
= do.

dî vil lange wâren hungerige gelegen
in einem loche,
715 daz si in zebrochen
scolden haben sciere:
dô gebud du den tieren
daz si sîn nîne rûrten,
jene si gar zevûrten
720 dî in dâ dar vûrten.
nu entlîp mînen sunden
durch dîn selbes gûte
an dem wege der wârheite,
nu gip mir geleite
725 heim zŭ mînem erbe,
daz wil mir tievel wergen.

Chunech aller keisere,
vater aller weisen,
voget aller armen,
730 nu lâ mich dir erbarmen,
daz mir mîn erbe
der tievel wil wergen,
daz, sol aver ich ein kampf mit ime vehten,
des hilf du mir, threhtin,
735 daz ich armer an im gesige.
ô wî gerne ich in von mir vertribe,
daz er mit mir ne hete nechein geverte!
sîn lôn ist herte:
ich hôre wol sagen
740 daz er nîht ne habe
niemanne ze gebenne
wane bech unde swebel,
diu zwei wallen unde brinnen,
der werde niemer ende
745 von êwen unze in êwen.
sô getâne wêwen
gibet er ze mîte:
mir waere lieber daz erz ime hête.

---

727 Dunech.   733 daz *zu streichen, oder* 734 *Anakoluth?*

Ich wil ime vil gerne entrinnen,
750 einen bezzeren lôn gewinnen
umbe mînen scephâre.
wî durft mir nu wâre
daz ich hete ein brustslôz
vur sîn vreislîc scôz,
755 vur sîne scerphen strâle
dâmit er ân twâle
vil diche râmet mîn:
diu brustwere darf aver nîht sîn
weder horn noch bein
760 noch stâl noch stein,
dâ wurde ich under irslagen.
rehten glouben sol ich haben
unde dî wâren riuwe
unde die gûten triuwe,
765 den stêtigen gedingen
unde die cristenlîche minne,
dult unde dêmût:
diu gewêffene waeren vil gût
vur den hunt verwâzen,
770 sô mûser mir die strâze
rûmen zagelîchen
unde allenthalben intwîchen.

Dû sôgetâne chamfwât,
hêrre, niemen ne hât
775 wane deme du sie geben wil,
nû waere reht daz wir dich vil
innerclîchen bêten
umbe alle die ir ni ne hêten,
sô ich sundiger ne hân.
780 swenne ich ettewenne stân
unde vil gerne bête dich,
niemer ne mag ich
ûftûn mînen munt,

---

749 entrinnen *Di.* = entinnen.　770 mûser *Haupt* = mûs.
776 reht *Di.* = rehte.　783 ûftûn *Di.* = uf gûn.

sô der verwâzzene hunt
785 ne waiz wanne zů vert,
der allez gůt gerne wert:
hât mir ettewaz brâht
dâ er mir dî gůten andâht
sciere mit hât entragen
790 die ich zů dir scolde haben.
daz chlage ich dîner gůte:
du ne wellest mich behůten,
er bringet mich in nôt.
durch dînen heiligen tôt
795 gedench waz daz wâre
dâ du mich sundêre
ûz werden hieze.
lâ mich des geniezen
daz vil wol weist daz,
800 daz iz newederez was
weder îsen noch bein:
iz was ein brôder leim
dâ du mich ûz hâst geschaffen,
du ne woltest mich vester machen.
805 ich nehân necheine craft
wider die mich herehaft
ane vehtent taegelîchen
unde mich des êwigen rîches
vil gerne bestiezen.
810 ob sie diu gotheit
von himele her in erde treip
in einer armen magede bûch
zů diu daz du hulfest ûf
dem der dâ gevallen was.
815 daz du, hêrre, ie daz
durch unsich getête:
daz riet dir dîn gůte
unde vil verre dîn gnâde,
wande wir des unwirdich wâren.

---

803 ûz hat geschaffen, du ne woltest mich *Di. = fehlt*
809 bestiezen *Di. =* bestieze. *Reimlos.*

820 Wie mohte wir daz verdienet haben
 daz du dich lieze anslahen,
 spoten unde spîwen,
 daz du dich lieze trîben
 an die stat, dâ man dich hie
825 under die dâ wâren ie
 zů den scâchêren gezalt?
 ôwî dîn gotlich gewalt!
 dô wolt er sich nider neigen
 unde der werlde erzeigen,
830 daz er des tages deste minner nîne was:
 die helle er under diu brach,
 dô in dem tôde himel unde erde
 allez scolde erweget werden.
 steine dî zebrâsten dar abe,
835 genůge erstunden an dem tage
 die vor manegen jâren
 gar ervûlet wâren:
 sich zaten die uber elliu diu lant.
 sich verwandelôte daz lieht.
840 der tiuvel ne wesse nîht,
 waz in der mennscheit was,
 dî er da ûzen ane sach:
 diu gotheit was in verholn.
 daz er dâ hete verstoln,
845 im was sîn sterchorre chomen.
 daz ime ouch alle die benomen werden,
 dî ûffe dirre erden
 sîn gebildet nâch dire:
 daz gib in unde ouch mire,
850 du vil heilige gotes sun,
 qui vivis et regnas per omnia saecula saeculorum!

---

829 *Ergänzt Di.* = *fehlt.*   832 dô = do du.   833 scolde = *fehlt.*
838 die *Di.* = diu.   841 waz *Di.* = waz er.

XIII. Upsalaer Sündenklage.

1 Ich firsachen demo diuvele alles sînes willen ane mir,
hêrro drethîn, ich bekenne mich dir
unde dîner heilier muoter
unde allen dînen drûten
5 aller der sundeclîcher dêthe,
dî ich mit werken oder mit rêthen
î en werlte gefrumede,
sinth ich sunde gehugede.
Ich geben mich an des almehtien godes gewalt,
10 wande mîne sunden sinth sô manichfalt,
dat ich si alle nîth nemach genennen.
Ich sundich mennischo ich bekenne
manslath unde roubes,
mordes unde zouberes,
15 aller slathen hûres,
wertlîches rûmes,
maniger meineide:
ich hân mich firwarth leyder
mith avunste unde mith nîde,
20 mith hazze unde mit girede,
ane oberdranke unde ane oberâzc.
Ich newolde des nît lâzen
des ich zubele gedâthe,
êr ich iz mit werken volbrêhte.
25 Ich newarth mînen ebencristen̄ nî sô holt,
sô ich van rethe solde,
mînen vader, mîner muoter,
mînen swestren, mînen bruoderen
unde anderme mîme geslethe,
30 alsô ich solde van rethe.
Ich hân firbroken vîren unde vasten,
ich . . . .
. . . . ro negesûtha

---

1 diyuelle. 12 meinçsco. 15 slaten. 16 vuerlt liches. 20 gireðnt.
24 uolbrehthe. 29 geslehthe. 30 al.

noch umbe sîn dienest nerûtha,
35 sô ich van rethe solde dûn.
   Ich gaf mîn almûsene in rûm
   unde hân mich firsûmt (daz ist mir leith),
   daz ich der heiligen cristenheit,
   beide lebenden unde dôten,
40 nebesceinede nî neheine guote
   mit almûsen unde mit gebede.
   daz claich dime himelischen gode.
   Ich bekennen mih an der stunde,
   daz ich nie negerûthe mîner sunden
45 mit sulchen rûen, noch mit sulchen vorthen,
   sô ich wêre durftich.
   Ich was ie zû allemo ubele gare.
   Ich enpfînch nî bûza noch harmscare,
   sô grôze noch sô swêre,
50 sô mîne meindêthe wêren.
   Der mâze rêthe,
   die mir mîne êwarthen dâthen,
   dî nebehîlth ich mit gehôrsame nie:
   des bekennen ich mich gode hie.
55 die mir hânt gedînet,
   den hân ich ungelônet;
   die mîner herbergen gerden,
   vil selden ich dî werthe;
   ich nelîz mich nie irbarmen
60 dî sîchen noch dî armen;
   ich hân mînen zehenden ungegeben:
   unreht was ie mîn leben
   leider in allen enden.
   Dî dâ in kerchere oder in benden
65 oder in andren steden.

   . . . .
   . . . .
   . . . .

---

38 dier hieligen cristenhiet.   48 nep finch.   50 meinthe.
52 dir. min'.   58 uerthe.

XIV.
Benedictbeurer Gebet zum Messopfer.

Oberestiu magenchraft,
vater aller dîner geschaft,
scouwe an dîne christenheit,
wâriu, hêriu gotheit.
5 dizze opfer daz wir dir hie tuon,
daz ist dîn ainborn sun:
enphâhe, wîse vaterheit,
dînes Christes sunhait.
bedenche bî dir selben in
10 und bedenche ouch uns an im:
in bî dîner gothait,
uns bî sîner mennischait.
sîn gothait diu ist mit im dîn,
unser ist diu lîche sîn,
15 und ist iedoch daz unser dîn:
du lâ daz dîn unser sîn.

Er samenot unser mennischait
an sich zuo dîner gothait,
daz wir sîn mit im gemaine,
20 als er ist mit dir alaine.
unser bilde er an sich nam,
dâ bî er dich an uns erman.
er gab uns ze wandeln sich,
daz wir bî im manen dich.
25 daz er des unsern nam an sich,
im ze lîbe und och ze lîch,
daz gab er uns ze niezen wider,
daz im niht entwuochsen sîniu lider.
wîr sîn mit samt im ain,
30 vlaisch, lîch und gebain,
und daz daz von im muoze leben,

26 lîbe *liest Roth,* liebe *Schmeller.*

dem ruoche er sînen gaist ze geben.

Alsô samnot er chunnescaft
zwiscen im und sîner gescaft,
35 dâ von die rehten sint
sîne bruoder und sîniu chint,
mit im ain gaist und ain muot,
vlaisch, gebaine und bluot,
erben und siptail,
40 getailen an dem erbetail.
unser hêrre Jesu Christ
dîn sun von natûre ist:
sô gab uns diu milte sîn
daz wir sune von gnâden sîn.
45 swie wir daz ellende noch
mit sunden bûwen, sô ist iedoch
der uns vertîlige unser mail,
ze himele unser sipetail.
du ruohte unser opher sîn
50 von der magenchrefte dîn:
von diu nim von uns vur guot
hie sîne lîch und sîn bluot.
wir vinden niht gelîches dem,
daz vor dînen ougen zem
55 und unsern sunten wider wege
ûf dises ellendes wege.
enphâhe ez von des priesters hant
und wis bî im dar an gemant
daz ez dir genâme sî.
60 durch die dîne namen drî
habe ûf dînes zornes slach,
den wir arnen naht und tac.

Wir bieten vur ze scherme den
der den zorn dir beneme:
65 dîn guote mach gezurnen niht,
sô si solhe mâsen siht,

---

44 sune *MSD* = suone.

die er ze phande trait,
der durch uns die martere lait.
bliche sîne vrische wunden an
70 unde bedenche uns wol dar an
daz er durch daz dîn gebot
uns ze helfe lait den tôt.

Verlîh uns solhe sâlicheit
daz wir mit rehter innercheit
75 sîne marter im gehugen,
wande wir ân dich nîne mugen.
ouch bite wir dich, hêrre,
durch der wandelunge êre,
unde sich dizze opher tuot
80 ze Christes lîche und ze sînem bluot
ze sâlde aller christenhait:
du wende uns elliu unseriu lait
und swaz an uns allen
gedanch und willen,
85 werch und worte
wider dîne vorhte
und wider dînen willen ist,
daz wende uns durch den dînen Christ,
der innechlîcher êwechait
90 unde einer wâren gotehait
in der hailigen gaistes ainunge
ze rehter ebenheftunge
mit dir ist nomen ein
von êwen zêwen. AMEN.

XV. Melker Marienlied.

1 Jû in erde
leit Aaron eine gerte,

---

89 innechlîcher *MSD* = innechlichen.   92 f *undeutlich*.
Schmeller. ebenhelfunge *Roth*.   93 nom̄.

diu gebar mandalon,
nuzze alsô edile:
5 die suoezze hâst du fure brâht,
muoter âne mannes rât,
      Sancta Maria.

Jû in deme gespreidach
Moyses ein fiur gesach,
10 daz holz niene bran,
den louch sah er obenân,
der was lanch unde breit:
daz bezeichint dîne magetheit,
      Sancta Maria.

15 Gedeon, dux Israel,
nider spraeit er ein lamphel,
daz himeltou die wolle
betouwete almitalle:
alsô chom dir diu magenchraft,
20 daz du wurde berehaft,
      Sancta Maria.

Mersterne, morgenrôt,
anger ungebrâchôt,
dar ane stât ein bluome,
25 diu liuhtet alsô scône:
si ist under den anderen
sô lilium undern dornen,
      Sancta Maria.

Ein angelsnuor geflohtin ist,
30 dannen du geborn bist:
daz was diu dîn chunnescaft.
der angel was diu gotes chraft,
dâ der tôt wart ane irworgen,
der von dir wart verborgen,
35   Sancta Maria.

---

17 himeltû.

Ysayas der wîssage
der habet dîn gewage,
der quot wie vone Jesses stamme
wuoehse ein gerten imme,
40 dâ vone scol ein bluome varen:
diu bezeichint dich unde dîn barn,
  Sancta Maria.

Dô gehît ime sô werde
der himel zuo der erde,
45 dâ der esil unte daz rint
wole irchanten daz vrône chint:
dô was diu dîn wambe
ein chrippe deme lambe,
  Sancta Maria.

50 Dô gebaere du daz goteschint,
der unsih alle irlôste sint
mit sînem heiligen bluote
von der êwigen noete:
des scol er iemmer gelobet sîn,
55 vile wole gniezze wir dîn,
  Sancta Maria.

Du bist ein beslozzeniu borte,
entâniu deme gotes worte,
du waba triefendiu,
60 pigmenten sô volliu,
du bist âne gallen
glîch der turtiltûben,
  Sancta Maria.

Brunne besigelter,
65 garte beslozzener
dar inne flûzzit balsamum,
der waezzit sô cinamomum,

---

39 imme *unklar* = gimme *Hoffmann.* 59 waba *Hoffmann*
= wäbe. 62 turtiltûben. 66 flŏzzit.

du bist der cêderboum,
den dâ flûhet der wurm,
70   Sancta Maria.

Cedrus in Libano,
rosa in Jericho,
du irwelte mirre,
du der waezzest alsô verre:
75 du bist uber engil al,
du besuontest den Even val,
   Sancta Maria.

Eva brâht uns zwissen tôt,
der eine ienoch rîchsenôt,
80 du bist daz ander wîb,
diu uns brâhte den lîb.
der tiufel geriet daz mort:
Gabrihel chunte dir das gotes wort,
   Sancta Maria.

85 Chint gebaere du magedîn,
aller werlte edilîn.
du bist glîch deme sunnen
von Nazareth irrunnen,
Hicrusalem gloria,
90 Israhel lęticia,
   Sancta Maria.

Chuniginne des himeles,
porte des paradyses,
du irweltez gotes hûs,
95 sacrarium sancti spiritus,
du wis uns allen wegunte
ze jungiste an dem ente,
   Sancta Maria.

---

69 flôhet

XVI. Mariensequenz aus St. Lambrecht.

1 Ave, du vil schôniu maris stella
ze sêlden aller diet exorta,
gotes mûter Maria.

Frou dich, gotes porta,
5 diu verslozzen gebaere
die sunne der wârheit
mit maidelîcher reinecheit,
mit mennesklîcher natûre
got ze dirre werlte braehte.

10 Maget aller maget wunne,
schône als diu sunne,
himelischiu chuniginne,
dirre werlte gimme,
erchenne alle die dich minnent
15 und mit rehten glouben ze dînen genâden dingent.

Dich bezeichenôt diu Arones gerte
diu in dem dinchûse alle verte
brâhte bluode und wuocher:
als wunterlîchen wurte du mûter.
20 die alten vater dîn ê
wunschten und prophetae.

Du bist eine flamme
des lebens daz Eva
in dem paradŷse verlôs,
25 dû sie den tôt erchôs:
gotes gebot sie ubergie,
von danne ir afterchunfte michel sêre lie.

---

1 Maris.   4 dic.   10 wunne *MSD = fehlt.*   16 gerteę.
21 wunsten.   prophetae *MSD =* die wissagen.

Dô den schepfaere sîn gnâde ermante,
daz er die meneschlîche brôde erchante, [sante.
30 den engel Gabriel mit niuwer boteschafte er zû dir

Er sprach: 'Ave Maria,
du bist genâden plena.
mait du swanger wirst,
iz ist got selbe den du gebirst.'
35 be disem worte,
himilischiu porte,
enpfînge in dînem reinem lîbe,
daz du doch niht wurde ze wîbe.

. . . .
. . . .

XVII. Mariensequenz aus Muri.

1 Ave, vil liehtu maris stella,
ein lieht der cristinheit, Maria,
alri magede lucerna.

Frouwe dich, gotis cella,
5 bislozinu porta.
dô du den gibâre
der dich und al die welt giscuof,
nu sich, wie reine ein vaz du magit dô ware.

Sende in mîne sinne,
10 des himilis chuniginne,
wâre rede suoze,

---

28 Dô *Di.* = Wo. 29 erchante *Di.* = erchant. 30 er *MSD*
= *fehlt*. Gabiel. sante *Di.* = sant. 31 sprac. 35 wote.
36 himilissiu. 38 wîbe *Di.* = wi, *worauf die hs. abbricht.*
8 vas.

daz ich den vatir und den sun
und den vil hêrin geist lobin muoze.

Jemir magit ân ende,
15 muotir âne missewende,
frouwe, du hâst virsuonit daz Eva zirstôrte,
diu got ubirhôrte.

Hilf mir, frouwe hêre,
trôst uns armin dur die êre,
20 daz dîn got vor allen wîbin zi muotir gidâhte,
als dir Gabriel brâhte.

Dô du in vernâme,
wie du von êrs irchâme!
dîn vil reinû scam
25 irscrach von deme mâre,
wie magit âne man
iemir chint gebâre.

Frouwe, an dir ist wundir,
muotir und magit dar undir:
30 der die helle brach,
der lac in dîme lîbe,
und wurde iedoch
dar undir niet zi wîbe.

Du bist allein der sâlde ein porte.
35 jâ wurde du swangir von worte:
dir cham ein chint,
frouwe, dur dîn ôre,
des cristin, Judin unde die heidin sint,
und des ginâde ie was endelôs.
40 allir magide ein gimme,

---

18 hêru.   19 dur *B?* = *fehlt A.*   22 virnâme = virneme.
23 êrs *Graff* = er.   25 mâre = mere.   30 brac.   34 selde.
38 cristin, Judin *B?* = iudin, cristin *A.*

daz chint dich ime zi muotir chôs.

Dîn wirdecheit diu nist niet cleine.
jâ truoge du magit vil reine
daz lebinde brôt:
45 daz was got selbe
der sînin munt zuo dînen brustin bôt
nnd dîne bruste in sîne hende vie.
ôwê, kuniginne,
waz gnâden got an dir bigie!

50 Lâ mich giniezin, swenne ich dich nenne,
daz ich, Maria frouwe, daz giloube unde daz an dir
daz nieman guotir   [irchenne,
mach des virlougin du ne sîest der irbarmide muotir.

Lâ mich giniezin des du ie bigienge
55 in dirre welte mit dîme sune, sô du in mit den handin
sô wol dich des kindes!   [zuo dir vienge.
hilf mir umbe in: ich weiz wol, frouwe, daz du in
                                 [senftin vindest.

Dînir bete mach dich dîn lieber sun niemir virzîhin:
Bite in des daz er mir wâre rûwe muoze virlîhin;

60 Unde daz er dur den grimmen tôt,
den er leit dur die menischeit,
sehe an menisclîche nôt;

Unde daz er dur die namin drîe

---

41 chôs *C* = îrchos *A*.   43 ioch *C*.   vil *C* = *fehlt A.*
47 vie = wie *A* = phieng *C*.   48 o woch *C*.   50 suanne *C*.
neune *C* = nemme *A*.   51 giloube *MSD* = gilobe *AC*.
53 dirbarmunge *C*.   54 du ie *A* = bi *C*.   56 sô wol dich *A*
= wol du *C*.   57 umbe in *A* = hin zu imo *C*.   vindes *C*.
58 dir *C*.   virziehin *A* = verscien *C*.   60 Unde *A* = *fehlt C.*
61 menischeit *A* = cristenheit *C*.   63 Unde *A* = *fehlt C.*
60—62 *und* 63—65 *in C umgestellt.*

sîner christenlîchir hantgitât
65 gnâdich in den sundin sî.

Hilf mir, frouwe, sô diu sêle von mir scheide,
sô cum ir ze trôste:
wan ich gelobe daz du bist
muotir und magit beide.

---

64 menslichen *C.* 66 hilf *AC.* sô *A* = da *C.* 67 ir *A* =
mir *C.* 68 gilobe *A* = geloven *C.* 69 beide *C* = beidiu *A.*

———

Druck von Ehrhardt Karras, Halle a. S.